PAUL DARAÎCHE
LA RÉDEMPTION

Catalogage avant publication de Bibliothèque et Archives nationales du Québec et Bibliothèque et Archives Canada

Daraîche, Paul

La rédemption

Comprend des références bibliographiques.

ISBN 978-2-89225-925-4

1. Daraîche, Paul. 2. Musiciens country - Québec (Province) - Biographies. I. André, Claude, 1966- . II. Titre.

ML420.D34A3 2016 782.421642092 C2016-941738-7

Adresse municipale :
Les éditions Un monde différent
3905, rue Isabelle, bureau 101
Brossard (Québec) Canada J4Y 2R2
Tél. : 450 656-2660 ou 800 443-2582
Téléc. : 450 659-9328
Site Internet : http ://www.umd.ca
www.facebook.com/EditionsUnMondeDifferent
Courriel : info@umd.ca

Adresse postale :
Les éditions Un monde différent
C.P. 51546
Greenfield Park (Québec)
J4V 3N8

Dépôts légaux : 4e trimestre 2016
Bibliothèque et Archives nationales du Québec
Bibliothèque et Archives Canada
Bibliothèque nationale de France

Propos recueillis et mis en forme par :
CLAUDE ANDRÉ

Révision sommaire :
CATHERINE SAGUÈS

Conception graphique de la couverture :
PIXSL • STÉPHANE LAMONTAGNE

Photo de la couverture :
JULIEN FAUGÈRE PHOTOGRAPHE

Maquillage :
MICHELINE ROBERT

Photos intérieures :
ARCHIVES PERSONNELLES DE L'AUTEUR
ET AUTRES PHOTOS DE PIERRE DRUELLE

Photocomposition et mise en pages :
ANNE-MARIE JACQUES

Typographie : Minion Pro corps 12,5 sur 14,7 pts

ISBN 978-2-89225-925-4

Financé par le gouvernement du Canada
Funded by the Government of Canada | Canada

Gouvernement du Québec – Programme de crédit d'impôt pour l'édition de livres et l'aide à l'édition – Gestion SODEC.

IMPRIMÉ AU CANADA

Préface de Mario Pelchat

Propos recueillis et mis en forme
par Claude André

UN MONDE DIFFÉRENT

À Johanne...
de Paul

À Noa-Margot, alias
Miss Twilight...
de Claude

Sommaire

Remerciements

De la part de Paul

Je tiens à remercier ma famille qui m'a toujours soutenu ainsi que mon gérant Michel Gratton, l'éditeur Michel Ferron, et tous les artistes et collaborateurs qui ont participé à mes albums et à mes spectacles.

Et une mention très spéciale à mon producteur et ami, Mario Pelchat, qui a toujours cru en moi et qui m'a fait reconnaître du grand public, en 2013.

De la part de Claude

Un immense merci à mon « enlumineuse » réviseure Catherine Saguès, ainsi qu'au gérant Michel Gratton et à toute l'équipe de l'éditeur Michel Ferron chez Un monde différent.

Préface

Paul Daraîche est l'un des premiers artistes et probablement le seul que j'ai approché alors que j'étais adolescent afin de lui demander des conseils. Bien évidemment, c'est déjà un privilège en soi d'atteindre le rang des artistes connus et reconnus, mais ce n'est pas ce qui fait en sorte qu'ils ont assimilé tous les secrets du métier.

On s'imagine parfois (et souvent à tort) que les vedettes ont la recette miracle qui va permettre que nous trouvions, nous aussi, notre place au soleil. Le temps m'a montré que tous les parcours sont différents, toutes les voies pour accéder au succès aussi, et qu'il n'y a pas un artiste qui passe par la même route ; elles sont tout aussi distinctes et uniques que leur ADN. Chose certaine, Paul Daraîche a quand même fait une différence pour moi ce soir du mois de juillet 1980, lorsqu'il m'a dit : « Il faut travailler sans relâche, être rigoureux, ponctuel, garder la tête froide et rester soi-même. » Il n'avait peut-être pas tous les secrets, mais ça, il l'avait compris !

Nous avons été des années sans nous côtoyer, des années à faire le même métier, chacun dans son créneau *; le sien, quelque peu boudé par une certaine élite à une certaine époque, mais il restait fidèle à ses convictions profondes. Nous nous sommes revus sur un plateau de tournage, pas moins de 25 ans plus tard, où je lui rappelais notre rencontre du temps jadis en bavardant et chantant ses chansons (dont certaines que je connaissais mieux* *que lui-même). Et c'est peu de temps après que je l'ai invité à faire un* medley *sur un album que je produisais (j'en étais encore à mes premiers balbutiements comme producteur).*

Il participe donc à l'album Quand le country dit bonjour *et à la tournée qui s'ensuivit. Certains soirs où il n'était pas lui-même en spectacle, et quand il arrivait sur scène par surprise pour chanter* À ma mère *à la fin du spectacle, les gens avaient une telle réaction qu'on aurait dit qu'Elvis venait d'entrer dans la salle. Pour moi comme pour bien des artistes de la production, c'était un sentiment de fierté qui nous traversait. Nous réalisions tout le respect que son public avait pour lui, toute son admiration, et nous nous sentions privilégiés de partager la scène avec lui.*

C'est ainsi qu'un petit gars de Dolbeau qui rêvait de devenir chanteur un jour, et qui osa solliciter des conseils à un grand de la chanson, devint des années plus tard… son producteur… Ça, ni lui ni moi ne l'aurions cru si on nous l'avait prédit en 1980 !

Côtoyer Paul Daraîche, c'est rencontrer un travailleur acharné, un artiste rigoureux, un homme ponctuel et humble, mais aussi un père aimant, un mari dévoué, amoureux, attentif, un ami fidèle et loyal, un artiste de talent, aussi proche que soucieux de son public. Un exemple et un modèle !

MARIO PELCHAT
Chanteur et producteur

Introduction

Un beau soir de l'été 2016, alors que je soupais avec Paul Daraîche, son épouse Johanne et leur fille Émilie, cette dernière, suivant les traces de son père en matière d'anecdotes hilarantes, entreprit de nous raconter une bonne histoire familiale.

Elle se souvenait d'une fois où, enfant, elle s'était cachée dans un des recoins de la Cocotte, un des autobus de tournée de l'histoire de la famille Daraîche, parce que ses parents la jugeant trop petite ne voulaient pas l'emmener avec eux et les autres joyeux lurons qui partaient en tournée. Confiée à sa gardienne, qui était aussi une amie de la famille, Émilie piqua une colère et manifesta bruyamment sa frustration de ne pas être partie avec la joyeuse bande. « Pour me punir, ma gardienne me fit mettre à genoux devant les haut-parleurs de la chaîne stéréo pour me faire écouter des disques. Mais pas n'importe lesquels : uniquement ceux de… mon père ! Et plus je l'entendais chanter, plus j'étais frustrée », se remémora-t-elle, alors que j'éclatais de rire.

Je venais de toucher à l'essence même de cette famille pour qui la détermination, la solidarité, le sens de l'humour et la grande humilité se hissent au premier rang des priorités. Des valeurs indubitablement portées très haut par le patriarche, Paul, avec qui j'ai écrit ce livre, ce qui m'a permis de passer les mois les plus drôles de ma vie, mais aussi les plus émouvants et sincères.

Regard bleu, sourire franc, comme me le disait Isabelle Boulay un matin de juillet à Petite-Vallée en Gaspésie : « Lorsque Paul rit, c'est toute la pièce qui s'illumine. Et lorsqu'on le regarde, comme c'est le cas avec Johnny Halliday, on est tout de suite fascinés par ce regard qui ressemble étrangement à celui d'un loup. »

Pas étonnant que Paul soit un chef de clan. Il faut le voir se soucier du bien-être de ses proches pour comprendre à quel point il respecte les gens. Un respect qu'il affiche aussi en permanence avec son public, le nouveau comme le plus ancien, ce qui n'est pas étranger à sa longue durée dans ce métier.

Deux carrières

Évidemment, si j'ai fait allusion à un nouveau et un ancien public, c'est que Paul Daraîche aura connu deux carrières. L'une presque exclusivement composée de fidèles amateurs de la musique country, et l'autre, à partir de 2012, plus large, avec la parution de l'album *Mes amours, mes amis*. Un disque composé de duos avec un florilège des artistes de la musique pop d'ici et d'ailleurs qui l'a révélé au grand public, comme en témoignent les quelque 145 000 exemplaires vendus à une époque où l'industrie musicale vit une grande crise.

Car si le nom de la famille Daraîche est toujours présent dans l'inconscient collectif du Québec depuis cinq décennies, la grande majorité y portait plus ou moins attention – comme on le fait avec un visiteur à qui l'on ne sait pas trop quoi dire dans un party, parce qu'il nous semble différent.

Disons-le franchement : dans un pays inachevé où le manque de confiance en soi est souvent un des plus grands travers, le « western » pouvait nous faire passer pour des quétaines, même si, au fond de nous, nous avons tous un jour ou l'autre eu envie de jouer aux cow-boys.

Pourtant, dès les années 1970, le country était déjà partie prenante de la pop québécoise. Il suffit de penser à *Comme un million de gens* de Claude Dubois ou à *Harmonie du soir à Châteauguay* de Beau Dommage. S'il était subtilement présent, le genre s'est vu de plus en plus réintroduit dans la rumeur collective à la fin des années 1990, grâce notamment à une nouvelle génération d'artistes avant-gardistes qui, non seulement s'en réclamaient, mais aussi l'associaient au rock, comme Mara Tremblay (*Le Chihuahua*) ou la formation punk-rock-western WD-40 (*Aux frontières de l'asphalte*).

À cette époque, j'écrivais pour l'hebdomadaire *Ici Montréal*, un journal alternatif que l'on disait « branché ». Pour essayer de comprendre le phénomène, j'avais décidé d'aller à la source et d'interviewer Julie Daraîche, la vraie reine du country québécois – Renée Martel en étant la princesse. Le titre de mon reportage, *Hue Cocotte!* se voulait à la fois une allusion à un cheval, donc au western, et à l'autobus de tournée de la famille Daraîche.

En parallèle, aux États-Unis, Johnny Cash avait publié *Unchained*, le premier volume de sa magnifique série sous-titrée *American Recordings*, en 1994. Un album qui lui a valu un Grammy et qui fit sensation auprès de *tripeux* de musique du Québec avant-gardiste. Ceux que l'on appelle les *early listeners*, très scrutés des producteurs, qui généralement annoncent les nouvelles tendances par leur engouement pour quelque chose.

En 2006, paraît le volume 1 de l'album *Quand le country dit bonjour*. Un succès populaire collectif associant des vedettes de la pop, dont Mara Tremblay, avec la chanson *Un coin du ciel*, qui ne fait pas partie de la culture dite *mainstream*, mais qui avait participé à la réhabilitation du genre country.

Mis en œuvre par le producteur et chanteur Mario Pelchat, ce dernier s'était réservé sur le disque la reprise de la chanson *Perce les nuages (À ma mère)*. Un classique qui demeure à ce jour l'un des plus grands succès de Patrick Norman et dont l'auteur est un certain… Paul Daraîche.

Puis d'autres artistes liés à la pop, comme Laurence Jalbert ou Isabelle Boulay, ou à la musique alternative, tel que Éric Goulet, ont contribué à ce processus de « normalisation » du genre auprès des amateurs de musique.

Le décor social était enfin planté pour l'arrivée du monarque à la voix rauque, auréolé de ce que les rappeurs appellent la *street credibility* : Paul Daraîche.

La suite fait partie de l'histoire qui s'écrit.

Claude André
Journaliste, politologue et auteur

Chapitre 1

Chanson : *Moi, je ne pensais qu'à la musique...*

Thème : *L'enfance*

TITRE DE LA CHANSON : *Moi, je ne pensais qu'à la musique...*

PAROLES : Paul Daraîche

MUSIQUE : Paul Daraîche

ANNÉE : 2015

ALBUM : *Laisse-moi te dire*

Voici le code intelligent QR pour vous permettre de commander cette chanson sur l'album disponible sur iTunes. Grâce à votre tablette ou votre téléphone intelligent, vous pouvez vous procurer un lecteur QR qui vous amènera directement au fichier audio de la chanson sur iTunes. Vous pouvez aussi vous procurer la chanson directement sur iTunes.

Moi, je ne pensais qu'à la musique...

Faudrait apprendre à me prendre comme je suis
Tout n'a pas toujours été facile dans ma vie
Faudrait comprendre que moi, quand j'étais petit
Du fond de ma belle Gaspésie, je rêvais déjà d'autres pays...

Je suis le dernier né d'une famille d'ouvriers
Mes frères trimaient aux champs, mon père dans les chantiers
Ma mère avec mes sœurs tenaient la maisonnée
Rien d'autre à faire que rêver, on vivait tous dans la pauvreté...

Dans mes rêves d'enfant, je me voyais chanter
Comment aurais-je pu faire pour les réaliser
Dans les années 50, malgré l'adversité
Ensemble on a tous décidé d'immigrer dans la grande cité...

{Refrain}

Enfin j'aurai la chance, la possibilité
De pouvoir apprendre à chanter
Peut-être pourrais-je aussi chanter ce que j'écris
Je pourrai ainsi gagner ma vie...

Quand je suis arrivé il m'a fallu étudier
Le soir après l'école je devais répéter

Apprendre la guitare pour mieux m'accompagner
J'n'aimais pas les mathématiques
Moi je ne pensais qu'à la musique…

Me voilà, aujourd'hui après 50 années
Toute ma vie durant j'ai fait ce beau métier
Malgré l'incertitude je n'ai rien regretté
S'il me fallait recommencer c'est certain je recommencerais…

{Refrain}

Enfin j'ai eu la chance, la possibilité
De pouvoir apprendre à chanter
Et puis j'ai pu aussi chanter ce que j'écris
Et ainsi j'ai bien gagné ma vie
Moi je ne pensais qu'à la musique…

Moi, je ne pensais qu'à la musique

Été 2005. Ce matin-là, j'avais peur. Pas une peur rationnelle, comme lorsque l'on fait face à un danger imminent, mais une peur intime. Une peur à la fois sentimentale et affective : j'avais décidé d'écrire une chanson sur mon enfance, avec tout ce que cela entraînait, me disant qu'une des choses que je sais certaine, c'est que dans la vie, comme au poker, plus on montre son jeu, plus on devient vulnérable. Or généralement, un auteur-compositeur est quelqu'un qui se connaît très bien. Et les zones sombres et enfouies au plus profond de soi, on n'a pas toujours envie de les voir surgir en gros plan !

N'ayant pas enregistré d'album de chansons originales depuis des lustres, il me fallait créer de nouvelles pièces pour mon public qui me suit fidèlement depuis mes débuts. Car si cette partie de l'auditoire que l'on nomme le « grand public » a découvert mes chansons anciennes dans les années 2000, les amateurs de country connaissent bien les multiples versions de mes grands succès.

À l'aube de la soixantaine, j'avais donc décidé d'écrire un album autobiographique. Celui qui deviendra *Confidences* et paraîtra en 2006. Je me suis donc installé sur ma terrasse, camouflée derrière ma maison à Terrebonne, et j'ai plongé dans mes souvenirs d'enfance.

Très petit, vers l'âge de huit ou neuf ans, je savais qu'il me faudrait partir un jour si je voulais me tailler une place puisque, vous l'aurez deviné, d'aussi loin que je me souvienne, j'ai toujours voulu faire de la musique et gagner ma vie ainsi. Mais je savais bien, même si jeune, que tout cela serait impossible si je restais dans mon coin de pays, ma belle Gaspésie.

Comme ce fut très souvent le cas, la mélodie est d'abord apparue, suivie du refrain. Ce matin-là, dans mon petit cinéma mental, je me revoyais arriver à Montréal. Le refrain, très simple mais authentique : *Moi je ne pensais qu'à la musique,* a surgi. Puis ce fut : *Enfin j'aurai la chance et la possibilité de pouvoir apprendre à chanter…*

Plus j'écrivais, plus j'avais la *chienne.* Je me disais : *Paul, il ne faut pas que tu te trompes.* J'ai songé alors à ces premiers moments où je suis arrivé « dans la grande cité » à l'âge de neuf ans. Mes frères, eux, avaient fait le chemin en voiture ; moi, je l'ai effectué en train avec ma mère. En pleine nuit. Une nuit magique remplie d'excitations à la perspective de découvrir de nouveaux horizons.

La première chose qui m'a frappé fut les lumières dans la Gare Centrale de Montréal.

Chez nous, il n'y avait pas d'éclairage dans les rues le soir et je ne viens même pas du bord de la mer, où l'on peut parfois apercevoir un phare. Non, je vivais sur un rang. Et là, je débarque du train, les yeux grands comme des trous de guitare et, boum ! J'aperçois l'édifice de la Sun Life !

C'était gigantesque, surtout pour le petit garçon que j'étais qui, même à Gaspé, n'avait pour ainsi dire jamais vu une maison avec un deuxième étage !

Quand j'y repense, cela me fait bien rire et m'émeut à la fois. J'étais étourdi, ahuri et fasciné comme le furent, je l'ai su après, mes frères et sœurs. Mes parents, pour leur part, étaient plutôt inquiets, ne sachant pas ce qui les attendait ni comment serait la vie pour leur marmaille.

Chose certaine : on ne pouvait pas être plus pauvres que nous l'étions en Gaspésie, où nous vivions dans une maison sans électricité ni isolation entre les murs, ni eau courante et dont les toilettes étaient installées dans le jardin. Ces fameuses *back house* qui sont devenues dans le langage courant du Québec, les *bécosses*.

Lorsque je repense à cette période de ma vie, je revois mon père se lever à 4 heures pour casser la glace dans un récipient. « Et pourquoi la maison n'était-elle pas chauffée au poêle à bois ? », me demanderiez-vous. Tout simplement pour ne pas se faire surprendre par le feu et éviter ainsi une catastrophe.

C'était ainsi que les choses se passaient en Gaspésie. Le soir venu, mon père « tuait » le poêle en l'arrosant et je me souviens que du fond du lit que nous partagions à trois pour nous réchauffer, j'observais les clous de glace qui pendaient au plafond. À l'aube, à l'aide d'une hache, il cassait la glace dans la chaudière, puis il allumait le poêle et l'on se réveillait avec la maison qui se réchauffait doucement vers 6 heures. On ouvrait la porte du fourneau pour laisser passer la chaleur et, évidemment, on y installait tout près le dernier-né de la famille.

Parfois, lors des tempêtes qui pouvaient durer trois jours, il y avait tellement neige que nous ne pouvions pas sortir par la porte d'entrée. Nous empruntions alors la petite fenêtre à l'étage, située à une quinzaine de pieds (4,57 m) du sol. Et lorsque celle-ci était aussi bloquée, un de mes oncles venait pelleter devant la maison pour que l'on puisse se frayer un chemin et se rendre à l'école du village en... traîneau à chiens !

Les images se bousculent dans ma tête. Je me souviens aussi, comme une image de carte postale, que nous allions à l'église le dimanche en calèche. Comme toutes les familles de la région, nous nous revêtions d'une peau de bison qui nous enveloppait tous et nous étions prêts pour affronter les temps froids et les vents hostiles.

Évidemment, la cruche de caribou (mélange de vin rouge et d'alcool fort) n'était jamais bien loin et nous n'hésitions pas à en avaler une bonne rasade pour nous réchauffer de l'intérieur lorsque le besoin se manifestait.

Pendant le temps des fêtes, nous revêtions la « slé[1] » de ses atours de Noël. C'est-à-dire un attelage comptant une cinquantaine de grelots accrochés juste à côté de la petite lampe qui illuminait la nuit comme des étoiles lointaines. Du coup, cette combinaison de sons et de lumières, en plus de contribuer à l'atmosphère particulière de cette période festive, permettait d'éviter les « accidents de circulation ». Je rigole bien sûr, mais ces souvenirs figurent parmi les plus beaux de ma vie. Lorsque j'y repense, je n'ai aucun mal à imaginer ce que vécurent les colons français lorsqu'ils s'établirent en Nouvelle-France, en 1534.

La grande cité

Lorsque nous sommes arrivés à Montréal, en juillet 1956, nous nous sommes installés dans un appartement situé à l'angle des rues Saint-Hubert et Villeray, dans le nord de la ville. Si cela paraît banal aujourd'hui, nous découvrions avec fascination la magie de l'électricité et des ampoules électriques. C'était tout un contraste avec les lampes à huile qui nous éclairaient si faiblement en Gaspésie.

Mes premiers contacts avec les petits Montréalais de mon âge furent plutôt chaleureux, bien qu'ils se moquaient tous de moi en raison de mon accent qui, j'en conviens, était à couper

---

1. De l'anglais *sleigh*, nom que la plupart des gens donnaient aux traîneaux à l'époque.

au couteau : « D'où tu viens ? D'où tu viens ? », me demandaient-ils sans cesse. Évidemment, je me suis fait intimider à quelques reprises par les faux *bums* du quartier, mais à mon avis, cela relève du cours normal des choses chez les enfants. Aujourd'hui, on en fait tout un plat, mais cela a toujours existé. Et si dans la vie, les plus grands essaient souvent de faire peur aux plus petits, je dois dire bien honnêtement que je n'ai pas vécu de gros problèmes à cet égard.

Les requins, je les rencontrerai bien plus tard, notamment dans le show-business.

Cela dit, je me faisais souvent montrer du doigt, car j'étais plutôt doué en classe, bien que j'éprouvais quelques difficultés en mathématiques. Laissez-moi vous dire que ce n'est plus le cas aujourd'hui ! Dans ce monde rempli de producteurs véreux qui était alors le mien, j'ai vite appris à compter[2]. Et de nos jours encore, je calcule mentalement plus rapidement que ne le font mes jeunes amis musiciens avec leurs téléphones intelligents...

Et la musique ? Si je chantais déjà en venant au monde, c'est à l'âge de 10 ans, à Noël, que j'ai reçu ma première guitare. Un cadeau de mon père.

C'est donc à Montréal que j'ai appris à jouer. À partir de ce moment-là, je n'ai plus jamais quitté cet instrument qui m'est si cher. J'ai décortiqué mes premiers accords en achetant des recueils de partitions dans un magasin qui portait enseigne à l'angle des rues Saint-Denis et Mont-Royal.

Les premières chansons que j'ai apprises étaient des pièces du Top 40, en français, de groupes du genre Les Clover Boys.

---

2. Je pense surtout aux années 1970. Heureusement, les choses ont bien changé depuis. La preuve ? J'ai le meilleur producteur au monde en la personne de Mario Pelchat et je n'ai que des compliments à formuler à l'endroit de Charles Plourde, un excellent producteur de Sherbrooke, qui s'occupe du patrimoine musical familial de la famille Daraîche.

Très rapidement, je me suis aperçu que ces morceaux n'avaient pas beaucoup d'étoffe sur le plan musical, mais il me fallait apprendre. Après deux ou trois ans d'apprentissage de mon instrument, j'ai un jour trouvé une pièce de Charles Aznavour que j'avais entendue à la radio. Consultant la partition, la chanson me semblait très compliquée à interpréter, mais c'était exactement ce que je cherchais pour accélérer ma formation de musicien. Dès lors, j'ai commencé à acheter une myriade de partitions de chansons françaises : Aznavour, Adamo, Brel, Ferrat.

Le destin dans une radio

Dans les années 1950, je n'étais qu'un enfant mais, comme je l'ai mentionné plus tôt, je savais déjà que la musique serait étroitement liée à mon destin. Mes premières influences musicales, alors que nous étions encore en Gaspésie, ont été le country américain.

Le soir tard, parce que nous n'habitions pas trop loin de la mer, nous captions les ondes hertziennes d'une radio de la Virginie sur notre appareil à piles. Appareil qui était d'ailleurs une attraction dans la région et nous assurait une maisonnée remplie au maximum de sa capacité lorsque les matchs de hockey du Canadien étaient radiodiffusés ! Allez savoir pourquoi, mais il y avait beaucoup moins de monde pour réciter le chapelet ; ce que nous faisions chaque jour en famille !

C'est grâce à ce vieil appareil que j'ai découvert les chansons de Hank Williams, Willie Nelson, Johnny Cash, et plusieurs autres. Ensuite, et dans un autre contexte, ce furent celles de nos Québécois Marcel Martel et Paul Brunelle. Autant j'ai énormément aimé les premiers, autant ce sont les seconds, en raison du fait qu'ils chantaient dans ma langue, qui m'ont ouvert toutes grandes les portes de mon avenir. Cela dit, mon amour des beaux textes et des mélodies riches a vraiment été déclenché grâce aux chansons de Charles Aznavour. Lui qui, dès la première fois où je l'ai entendu, devint mon idole.

Il m'a fallu attendre jusqu'aux années 2000 pour le rencontrer. C'était avant son spectacle à l'International de montgolfières de Saint-Jean-sur-Richelieu, en août 2013. Je me sentais comme un enfant le matin de la veille de Noël. Avec mon ami Mario Pelchat, il nous a reçus en privé dans sa loge.

On a découvert un homme extraordinaire, super généreux avec nous et, j'avoue que je ne m'y attendais pas, il était extrêmement drôle. D'ailleurs, lorsque je suis allé à Paris en 2013 pour enregistrer un duo avec lui, j'avais pris soin de lui apporter mes vieilles partitions de ses chansons, ainsi que des photos et autres souvenirs de l'époque. Il « capotait » littéralement ! Le courant est passé entre nous et il m'a parlé du temps où il se produisait au célèbre Faisan Doré à Montréal dans les années 1950, ainsi que des cuites mémorables de son copain (et présentateur) Jacques Normand.

En enregistrant avec ce géant de la chanson cette pièce qu'il avait écrite[3] (et dont il ne se souvenait plus lui-même), j'ai pu réaliser le grand rêve artistique de ma vie. Enivré également par la magie de Paris, j'étais dans un état second et M. Aznavour m'a semblé encore très en forme malgré ses... 90 ans ! Quel homme fantastique ! Je lui dois énormément de pouvoir, aujourd'hui, écrire des textes qui parviennent à toucher le cœur des gens.

La chanson qui m'a littéralement frappé, celle qui fut le déclencheur dont je parlais précédemment, est *Tu te laisses aller*. À l'occasion d'un de mes plus récents spectacles, je la reprenais

3. C'était pour l'album *Ces Noëls d'autrefois*, paru en novembre 2013, et la chanson en question est... *Noël au saloon*, dénichée sur un vieux vinyle par Mario Pelchat.

d'ailleurs ainsi que d'autres grandes chansons de Gilbert Bécaud, Serge Reggiani et, notamment, Georges Moustaki.

Parlant de légendes, parfois on me demande si un personnage comme Mary Travers, alias La Bolduc, une Gaspésienne exilée à Montréal qui connut un énorme succès dans les années 1930, a eu une influence sur mon parcours. Bien que de nombreuses personnes l'adulaient et la connaissaient – elle est même née derrière chez nous ! –, je ne fus jamais un de ses admirateurs inconditionnels, contrairement au reste de ma famille. Cependant, son histoire, son exil à Montréal et le fait qu'elle ait écrit ses propres chansons m'ont donné un bel exemple de ce que je pourrais faire si je m'y mettais. Je pensais parfois à elle lorsque, en troisième année scolaire, je me rendais à l'école Jean-Talon qui était située à l'angle de Villeray et Chateaubriand, et que je rêvais à mon avenir.

On nous alignait au début d'année devant le grand tableau noir afin de déterminer lesquels parmi nous feraient partie de la chorale de l'église. Pour ce faire, on nous faisait chanter les notes de la gamme musicale. Je faisais exprès de chanter faux, car je ne voulais pas être sélectionné ! Pour quelle raison ? Mon extrême timidité !

En fait, j'étais tellement timide que je détournais la tête lors de la présélection des choristes. Ce qui faisait que, malgré mes talents de chanteur, je me suis retrouvé enfant de chœur. J'ai longtemps lutté contre cette timidité excessive et il m'arrive de devoir le faire encore aujourd'hui.

Plus tard, vers l'âge de 12 ans, alors que nous habitions toujours dans le même quartier, que nous passions une partie de l'été en Gaspésie, nous organisions avec les amis de la ruelle des petits *partys*, où nous vendions du Kool-Aid et des chips.

Déjà fort de mon répertoire de chansons françaises, j'étais tout désigné pour assurer le volet spectacle de ces événements plus ou moins improvisés. Mon nom de scène était: « Le chanteur inconnu ». Pourquoi ? Tout simplement parce qu'étant tellement timide, je refusais de chanter devant un public si je n'étais pas caché par un rideau! « Méchant paradoxe », me direz-vous. En effet!

Bien que je sois sous les projecteurs aujourd'hui, cela m'a demandé presque 30 ans d'efforts avant d'y parvenir. Et si je savais mon destin de musicien déjà tracé étant petit, j'étais loin de me douter que je serais un jour ce qu'il est convenu d'appeler une vedette. Et même si j'avais un certain succès auprès des filles en raison de mes talents de musicien, ma timidité était telle que je n'ai expérimenté ma première relation intime qu'à l'âge de 18 ans!

Revenons à la création de cette chanson que j'ai eu le bonheur d'interpréter en duo, sur scène et en clip, avec mon compatriote Kevin Parent.

J'ai levé le voile sur ma pudeur en créant ce qui allait devenir la chanson *Moi, je ne pensais qu'à la musique*. Si je me suis permis de parler de notre grande pauvreté, c'est aussi parce que mes parents étant maintenant décédés, ce genre de confidence ne pouvait plus les attrister, voire les humilier. Car, ne l'oublions pas, les Gaspésiens sont des gens fiers. Ma mère et mon père ont fait du mieux qu'ils purent, et même davantage, avec les conditions particulières qui étaient les nôtres dans la Gaspésie d'autrefois.

Une époque très difficile durant laquelle mon père travailla pour des coupons. Un coupon, c'était une douzaine d'heures de travail par jour qu'il échangeait ensuite contre... une livre de beurre ou un sac de sucre! Et il recommençait, le lendemain.

Bien sûr, mon père et les autres hommes de la région savaient qu'ils étaient surexploités par les dirigeants de la compagnie de pêcherie Robin, qui possède d'ailleurs encore des magasins en Gaspésie, mais ils n'avaient pas d'autres choix.

Cette entreprise, dont les dirigeants habitaient l'île anglo-normande de Jersey, a exploité notre région pendant plus de trois siècles. Son fondateur, Charles Robin, avait mis en place dès 1783 un système économique en vertu duquel il payait les pêcheurs et autres personnes qui travaillaient pour lui en leur avançant de l'équipement et des provisions par le biais de commerces qu'il possédait déjà.

Ce qui faisait en sorte que tout le monde se retrouvait rapidement sous sa dépendance. Situation qui procurait à l'entreprise une main-d'œuvre docile et abondante. Les prises des pêcheurs locaux étaient séchées sur place, sur les grèves, puis transportées jusqu'aux points de vente européens par des bateaux construits dans le chantier naval Robin à Paspébiac, en Gaspésie.

Quant à mon père, il accumulait ses 12 heures quotidiennes de pêche aux homards, de menuiserie ou de travail sur un chantier, et il obtenait en contrepartie un coupon qu'il échangeait, cette fois, contre de la farine. Bref, des denrées que nous ne produisions pas, car pour le reste, nous vivions en quasi autarcie alimentaire ou, si vous préférez, une certaine autosuffisance. L'été, nous cultivions des légumes que nous conservions dans la terre, sous le plancher de la cuisine où nous avions accès par une trappe.

Bien sûr, nous élevions des poules pour leurs œufs et nous engraissions tous les ans un cochon, qui était sacrifié avant les fêtes. Le précieux animal nous procurait de la viande pour une bonne partie de l'année. Je me souviens souvent, avec une certaine tendresse, de ces dizaines de fois où mon père nous faisait peur en disant : « Aujourd'hui, on mange du poulet ! » Nous savions alors qu'il allait s'emparer d'une hache puis courir après une poule pour lui trancher la tête, et que cette poule décapitée continuerait de courir dans tous les sens pendant quelques secondes ! Un tel « spectacle » vous marque à jamais…

Lorsque j'y repense, cela me rappelle aussi la fois où mon père avait attaché son bœuf avec une corde accrochée aux *bécosses*. Il faut savoir qu'en plus du cochon annuel, ledit bœuf représentait aussi notre viande pour plusieurs mois. Cette fois donc, après s'être étouffé avec un navet du jardin, le bœuf pris de panique se mit à courir, entraînant dans son sillage la charpente des toilettes tandis que nous, depuis la maison, nous apercevions notre père remonter son pantalon en vitesse et filer à toute allure pour tenter de rattraper l'animal et... les toilettes ! Une vraie scène de film digne de Fernandel.

Quand j'y songe, 60 ans plus tard, je ne peux m'empêcher d'avoir des fous rires. Mon père, même s'il a connu une vie difficile, n'a jamais cessé de chanter. Et il le faisait de façon encore plus enthousiaste lorsqu'il avait quelques verres dans le nez. Dans ce cas, l'accès à la demeure familiale lui était interdit par notre mère. Il s'en allait alors dans l'étable et, profitant de sa chaleur, il s'installait près du cheval dans un lit fait de paille. Nous vivions dans une petite maison de 22 x 22 pi^2 et nous l'entendions chanter[4] :

> « Sentinelles, ne tirez pas,
> Sentinelles, ne tirez pas.
> C'est un oiseau qui vient de France. »[5]

Il nous semblait heureux. Nous l'étions aussi.

---

4. Lire à ce sujet le chapitre 7 consacré à la chanson *Le Chasseur*, qui s'articule autour du thème de mon père.
5. *C'est un oiseau qui vient de France* est une chanson française de la fin du 19e siècle, écrite par Camille Soubise sur une musique de Frédéric Boissière. Elle évoque l'annexion de l'Alsace et de la Lorraine par les Allemands. Dans le dernier couplet, la sentinelle allemande abat l'oiseau.

Chapitre 2

Chanson : *Mon métier, c'est la scène…*

Thème : *Débuts dans le métier*

Titre de la chanson : *Mon métier, c'est la scène*

Paroles : Paul Daraîche

musique : Paul Daraîche

Année : 2015

Album : *Laisse-moi te dire*

Voici le code intelligent QR pour vous permettre de commander cette chanson sur l'album disponible sur iTunes. Grâce à votre tablette ou votre téléphone intelligent, vous pouvez vous procurer un lecteur QR qui vous amènera directement au fichier audio de la chanson sur iTunes. Vous pouvez aussi vous procurer la chanson directement sur iTunes.

Mon métier, c'est la scène...

Déjà 50 ans que je chante, j'ai parcouru tout le pays
Toutes les provinces à la ronde d'Vancouver jusqu'en Gaspésie
J'ai toujours eu dans mes bagages des refrains et des mélodies
Le long des villes et des villages afin de chasser vos ennuis...

{Refrain}

J'ai toujours aimé les voyages et vivre en toute liberté
Je chante depuis mon tout jeune âge, personne ne peut m'arrêter.

Solo

Moi, mon métier c'est la scène, j'y suis comme un poisson dans l'eau
Si je n'ressens aucune gêne, c'est que je suis bien dans ma peau.

{Refrain}

Finale...

Je chante depuis mon tout jeune âge...
La scène c'est mon vrai métier... hé hé...

Mon métier, c'est la scène...

Bien que la pièce *Mon métier, c'est la scène* ait trouvé sa place sur mon album *Confidences,* elle était d'abord destinée à ma sœur Julie. En effet, au cours d'une de nos nombreuses tournées familiales, Julie m'avait demandé de lui écrire une chanson qui aborderait le thème de la scène. Depuis que je la lui ai offerte en 2005, elle commence toujours ses prestations par cette pièce, peu importe qu'elle se produise seule en tête d'affiche ou à l'occasion de spectacles qui réunissent la famille.

J'ai un jour commis une gaffe monumentale. J'avais sûrement la tête ailleurs ce soir-là et j'ai ouvert notre show avec ce morceau! Probablement que l'envie de le chanter, chose que je faisais dans mes spectacles en solo, me tenaillait trop intensément. Allez savoir...

Laissez-moi vous dire qu'elle n'était pas de bonne humeur lorsque je suis revenu dans la loge! Je crois que si elle avait eu le temps de le faire, elle m'aurait sauté dessus (*rires*) pour me tailler en pièces! Cela dit, elle l'a quand même interprétée! (*Nouveaux rires*).

Les spectateurs qui ont assisté à nos nombreuses représentations sous le ciel d'Amérique francophone le savent : c'est toujours moi qui ouvre nos spectacles et qui annonce ma sœur, ma fille, ma nièce, etc., et il en a toujours été ainsi. Pourquoi ? Je ne saurais trop comment l'expliquer rationnellement, mais, instinctivement, je sais qui doit faire son numéro, à quel moment précis et je ne me trompe pour ainsi dire jamais.

Pour revenir à la chanson qui fait l'objet de ce chapitre, je dois confesser en toute humilité que j'ai eu beaucoup de facilité à l'écrire. Les idées jaillissaient sans fin, car je connaissais le sujet par cœur et depuis très longtemps : je n'avais qu'à penser à ce que je vivais.

En fait, j'écrivais pour Julie, mais aussi pour moi. Il est d'ailleurs fréquent que je reprenne des pièces que j'avais créées spécialement pour d'autres artistes, mais, code moral oblige, j'attends toujours au moins un an avant de le faire, afin de permettre à la chanson et à l'artiste de connaître leurs succès.

Lui, Isabelle et son père

À cet égard, mon ami Claude, avec qui je fais ce livre, m'a parlé de la chanson *Lui*, l'une de ses préférées, qui a été popularisée par Isabelle Boulay.

Ce qui m'amène à raconter ma rencontre avec la grande Isabelle.

Il faut d'abord préciser qu'en général, dans ce métier, une personne nous parraine ou nous marraine toujours. Les choses se font par une sorte d'osmose naturelle.

Dans le cas de Linda Lemay en France, c'est Charles Aznavour qui a joué ce rôle. Moi, c'est Isabelle qui m'a toujours encouragé et poussé vers la lumière.

Cette relation, même si je l'ignorais jadis, remonte à quelques décennies. Je m'explique. Lorsqu'elle n'avait encore que huit ans, la petite Isabelle venait régulièrement nous voir en spectacle, Julie et moi, lorsque nous chantions dans son village de Matane (Gaspésie) et dans des salles des environs, où nous nous produisions. Les souvenirs s'entremêlent et cela me rappelle qu'à cette époque, nous arborions de magnifiques costumes en satin rehaussés de perles et de broderies un peu à la façon d'Elvis Presley, mais en version country. D'ailleurs, elle m'a un jour confié que j'étais... « son » Elvis ! À cette époque, j'avais environ 25 ans et j'étais encore... très beau (*rires*) ! Évidemment, si le public nous connaît, de notre côté, nous ne connaissons pas chaque personne qui le compose.

Lorsque le premier disque d'Isabelle est paru, elle m'a plu tout de suite comme artiste. Mais quelle ne fut pas ma surprise lorsqu'un jour, je me suis aperçu qu'elle parlait de moi en entrevue. Dès lors, j'ai souhaité la rencontrer, mais l'occasion ne s'y prêtait pas. Plus tard, en 2007, elle a enregistré le titre *À ma mère (Perce les nuages)*. Elle en a vendu plus de 855 000 exemplaires en Europe et moi, je ne l'avais toujours pas rencontrée !

Un jour, alors que je venais d'apprendre qu'elle faisait une tournée au Québec, je me suis décidé à vaincre ma grande timidité et j'ai téléphoné à sa maison de production afin d'obtenir des billets pour aller l'écouter, et cela quel que soit l'endroit où Isabelle se produirait en spectacle. Son gérant m'a répondu : « Pas de problème, Paul, laisse-moi cinq minutes pour régler cela et je te rappelle. » Or, Isabelle était à côté de son gérant à cet instant et elle comprit immédiatement qui venait de formuler cette demande. Il m'a rappelé pour me dire : « Non seulement tu as tes billets, mais Isabelle aimerait que tu viennes chanter avec elle à la Place des Arts ! »

La Place des Arts

Le jour J, inutile de vous dire que j'étais très excité, mais aussi très nerveux. On m'a montré ma loge et je m'y suis installé. Soudain, on frappa à la porte. C'était Isabelle. Elle tenait en main un magnifique livre de photos accompagné de pensées qu'elle m'offrit. Ce qui me fait rire aujourd'hui qu'elle est devenue une grande amie, c'est qu'à ce moment-là nous nous sommes vouvoyés. Nous étions tous les deux impressionnés, mais aussi heureux de nous rencontrer enfin.

Par la suite, elle m'a invité au Festival d'été de Québec, à l'International de montgolfières de Saint-Jean-sur-Richelieu, à sa Carte blanche lors des FrancoFolies de Montréal, etc. Lorsque je partageais la scène avec elle, j'avais tendance à demeurer en retrait. C'est elle qui m'a incité à entrer dans sa lumière. Même chose avec Ginette Reno. Avant de connaître Isabelle, j'avais entrepris d'écrire pour elle une chanson : *Lui*. Un hommage à son père. Mais comme je ne disposais pas de données à son sujet, j'ai décidé de me rendre avec ma sœur Julie à Matane afin de rencontrer des personnes qui l'avaient connu et qui pourraient m'en parler. Inutile de vous dire que dans ce coin de pays, ma sœur et moi sommes reconnus partout où nous passons et qu'il nous est plutôt facile de cogner aux portes et d'entrer chez les gens.

Nous sommes donc allés chez une des tantes d'Isabelle. Lorsqu'elle a ouvert, elle a failli s'évanouir en nous voyant ! Une fois la surprise passée et les explications fournies, cette tante nous a montré l'école que la petite Isabelle fréquenta, puis nous a pointé le bar qui appartenait à son père et dans lequel elle commença à chanter, ainsi que la maisonnette qu'il s'était construite dans le bois après sa séparation d'avec sa femme. Ensuite, elle nous a indiqué l'adresse de la mère d'Isabelle à Matane.

Plus tard, nous avons rencontré la maman en question chez elle à Matane et nous avons eu droit à la même réaction que la tante, un peu plus tôt... Dans les jours suivants, je lui ai remis le texte de la chanson. Elle a téléphoné à Isabelle, qui était à Paris, et cette dernière m'a confié, bien plus tard, que depuis la séparation de ses parents, sa mère avait retiré de sa maison toutes les photos qui représentaient le couple, mais qu'à la suite de ma visite avec le texte, elle les avait remises en place !

J'ai ensuite envoyé en format MP3 cette chanson avec la musique, qu'Isabelle a adorée.

Au moment où elle l'enregistra pour son album *De retour à la source* (2007), Rick Haworth qui le réalisait me téléphona, alors que je me dirigeais vers Québec. Pour le réalisateur et l'artiste, il manquait quelque chose à la chanson. Quoi ? Ma voix ! J'ai donc rebroussé chemin pour me rendre aux studios Piccolo, à Montréal, afin d'immortaliser cette chanson en duo avec Isabelle. À ce jour, c'est ma création qui a obtenu le plus de succès. Plusieurs artistes l'ont reprise et, étrange coïncidence, cette histoire ressemble à s'y méprendre à celle que j'ai vécue avec mon père.

Ce cher papa qui m'avait offert ma première guitare à l'âge de 10 ans, comme je l'ai expliqué dans le chapitre 1 : *Moi, je ne pensais qu'à la musique*.

Mon plus précieux cadeau, qui allait contribuer de façon très concrète à tracer mon destin d'auteur-compositeur-interprète. Après ce long préambule qui m'a permis de vous raconter mon inestimable rencontre avec Isabelle ainsi que la création de la chanson qui est consacrée à son père, revenons à *Mon métier, c'est la scène* et à la thématique qui lui est associée : mon arrivée dans le métier.

La scène

Après avoir passé deux ou trois ans à apprendre les premiers accords de guitare, je me suis attaqué à des interprétations plus sophistiquées, notamment avec des pièces puisées dans le répertoire de la grande chanson française. Petit à petit, je suis devenu de plus en plus habile et, parallèlement, de plus en plus populaire dans le quartier Villeray.

À cette époque, ma mère avait du mal à se sentir parfaitement à l'aise dans les appartements que nous louions, et comme la famille était nombreuse, nous déménagions souvent. Il en fut ainsi jusqu'à ce que nous nous installions, à huit ou neuf personnes dans le quartier que popularisa le grand écrivain et dramaturge Michel Tremblay : le Plateau-Mont-Royal, qui n'avait à l'époque rien à voir avec le quartier embourgeoisé qu'il est devenu.

On s'est donc installés dans un grand appartement – au 4558, rue Drolet, à l'angle de l'avenue du Mont-Royal – où je suis resté avec mes parents pendant une longue période. Mon nom ayant circulé, il m'arrivait de plus en plus souvent d'être invité à livrer des prestations dans des fêtes de quartiers ou pour des anniversaires. Un jour, un groupe de musiciens avait emménagé dans le coin et j'ai appris que ses membres cherchaient un guitariste. Ils connaissaient déjà un certain succès et se faisaient souvent embaucher. J'étais prêt à me joindre à eux, mais il y avait une condition : il me faudrait chanter, car c'était aussi le rôle de leur ancien guitariste. J'avais presque 18 ans. J'ai hésité quelques jours en raison de ma timidité, mais un argument m'interpellait : une tournée était déjà programmée. J'ai donc accepté et les répétitions ont commencé.

Les Loups Blancs étaient ravis que je connaisse une multitude de chansons. En toute modestie, ce sont eux qui durent faire du rattrapage par rapport à moi sur le plan du répertoire. On a donc procédé à une séance de photos et j'étais désormais le « front » des Loups Blancs. Notre première destination : La Reine, en Abitibi. Nous y étions soi-disant programmés, parce que notre bassiste y connaissait… une fille !

Forts de cette référence… nous avons donc décidé d'y aller « en tournée » en nous disant que, d'une façon ou d'une autre, nous pourrions dénicher des contrats une fois rendus sur place.

Nous avons donc pris la route avec le père de Maurice Bastien, l'autre guitariste, qui possédait une *station wagon* avec une remorque et qui s'était porté volontaire pour nous conduire là-bas.

Nous étions quatre musiciens en plus du père et le calendrier indiquait 1965, c'est-à-dire le cœur du *Flower Power*. Lors de ce périple, à notre premier arrêt pour prendre une pause pendant la traversée du parc La Vérendrye, quelle ne fut pas notre surprise à nous, les jeunes, de voir le père de Maurice sur le toit de la voiture... les pattes en l'air en équilibre sur la tête ! Il est resté ainsi pendant une vingtaine de minutes.

Sa méditation terminée, il est allé ouvrir le coffre de la familiale, qui était rempli d'une cinquantaine de pots contenant des graines de toutes sortes : tournesol, citrouille, etc. *Pis, nous autres, on mange quoi ?* nous sommes-nous demandé. C'est à notre batteur Bernard St-Onge, un fort en gueule, que nous avons confié la tâche de quémander de la nourriture lorsque nous passions devant des presbytères, vu que nous ne disposions que de l'argent nécessaire pour payer l'essence et parfois des cafés. Lorsque je repense à ce drôle de yogi, je ne peux m'empêcher de m'esclaffer.

Aventures abitibiennes

Rendus dans un restaurant de La Sarre, une ville de l'ouest de l'Abitibi, pour manger des toasts et boire un café, un type que je n'oublierai jamais s'est approché de nous. Il s'appelait Jean-Claude Hamel. Il nous a apostrophés, après avoir entendu ma façon « gaspésiano-montréalaise » de m'exprimer :

« Heille, les p'tits gars, vous ne venez pas d'icitte, vous autres ?

— Non, on vient de Montréal.

— Qu'est-ce que vous faites ?

— Ben, on est un orchestre.

— Où est-ce que vous allez jouer ?

— On le sait pas ! »

Après lui avoir expliqué que nous allions à La Reine, où une famille devait nous héberger, notre interlocuteur nous a dit : « Écoutez, c'est à moi le restaurant *La Chaumière*. En haut, on y retrouve un pavillon avec une salle de danse “avec pas de boisson” pour les jeunes, ouverte les samedis et dimanches après-midi. Moi, je suis un vieux garçon et je vis avec ma vieille mère. Si vous jouez pour moi, vous aurez un *bill* ouvert icitte et vous pourrez coucher dans ma maison. »

Nous n'avons pas accepté l'offre, puisque nous étions attendus à La Reine. Mais une fois sur place, nous avons découvert qu'il s'agissait d'une grande ferme avec des animaux. Ce que nous ignorions, c'est que l'entente prévoyait qu'en échange de l'hébergement et des repas, il nous fallait « faire le train » le matin à l'aube ! C'est-à-dire que nous devions nous occuper de nourrir les bêtes, de nettoyer la grange, etc., ce qui n'était pas vraiment notre plan de carrière... Nous l'avons fait une fois et, dès le lendemain, nous sommes retournés à La Sarre et avons accepté l'offre de Jean-Claude.

Logés, nourris et programmés pour jouer, c'est un peu comme si nous venions de rencontrer le bon Dieu. Nous sommes restés chez lui pendant un an à jouer et à peaufiner notre répertoire. Très vite, la radio locale s'est entichée de nous. Bien qu'ayant installé notre quartier général en Abitibi, nous faisions souvent la navette entre La Sarre et Montréal.

Pendant cette période, nous avons trouvé un gérant pour s'occuper de nos affaires et nous avons pu ainsi enregistrer notre premier 45 tours. Ce qui nous a permis de faire notre premier spectacle de lancement au (défunt) Centre Paul-Sauvé avec, pour assurer la première partie, Les... Bel Canto ! Il fallait avoir un front de bœuf pour agir ainsi, parce que Les Bel Canto étaient une des formations les plus populaires de l'époque.

Sur la face B du *record*, il y avait la pièce *En souvenir de toi*, la première chanson que j'ai écrite, tandis que sur la face A, on trouvait *Ce rire dans tes yeux*, de l'excellente formation Les Fortiches, dont un des musiciens, Charles Fournier (alias Body), était aussi un de mes bons amis.

C'est ce morceau qui nous a valu notre premier grand succès et nous a permis d'être invités à cinq ou six reprises à l'émission *Jeunesse d'aujourd'hui*. Nous avions à peine la vingtaine et la *game* devenait sérieuse. Aujourd'hui, lorsque je fais un duo avec Ginette Reno, je ressens une émotion particulière en pensant qu'il y a une cinquantaine d'années, nous avons participé ensemble à la même édition de cette célèbre émission de feu Télé-Métropole (aujourd'hui, TVA).

Bien que les Loups Blancs ne soient jamais devenus de grandes stars, comme Les Classels ou Les Baronets, le travail ne manquait pas et les tournées s'accumulaient : Abitibi, Lac Saint-Jean, Québec... À notre retour à La Sarre, nous ne nous produisions plus dans le petit pavillon des jeunes les fins de semaine, mais au grand hôtel de la place.

La belle vie commençait et nous pouvions vivre de notre musique. L'aventure avec Les Loups Blancs a duré une dizaine d'années, puis le groupe s'est dissous pour une raison fort courante dans ce milieu : un des musiciens a décidé de cesser cette vie de *gipsy* et de se marier (à moins que ça ne soit l'inverse !). J'ai gardé le batteur et j'ai embauché le bassiste Jacques Tremblay des Fortiches, qui s'étaient dissous également, et nous sommes devenus la formation Le Soleil. Nous étions alors en 1970.

De son côté, ma sœur Julie travaillait comme barmaid au Rocher Percé, un resto-bar situé à l'angle des rues Rachel et Saint-Hubert. Un vrai saloon gaspésien ! Lorsque c'était tranquille, le patron lui demandait souvent de monter sur scène et d'interpréter quelques chansons. Il faut savoir que les deux *doormen* de l'endroit n'étaient nul autre que les frères Fernand et Bernard Duguay. Le premier était violoniste et le second, guitariste et excellent chanteur. Ils montaient donc sur scène avec Julie, et c'est ainsi que leur aventure a commencé.

Un jour, Jean Chaput, le propriétaire de Bonanza Records, est allé manger au Rocher Percé et a vu le trio à l'œuvre. Remarquant comment les clients aimaient la formation, il leur a offert un premier contrat de disque. Ma sœur lui a dit : « Voyons donc, je suis la barmaid et ce sont les *doormen* ! » « Allez, allez, c'est moi qui paie de toute façon », lui a rétorqué le producteur. Elle a accepté, et rapidement le premier enregistrement du trio s'est écoulé à 50 000 exemplaires, ainsi que le suivant puis le troisième. Ce qui valut à Julie et les frères Duguay une cassette d'or (100 000 exemplaires écoulés). À cette époque c'était de grosses cassettes… huit pistes (non copiables) !

Le succès étant au rendez-vous, la formation a rapidement entrepris des tournées. Tout en me réjouissant du succès de ma sœur, cela me faisait bien rire, car ses musiciens ne savaient pas jouer du tout ! Eh non, il n'y avait aucune rivalité entre Julie et moi, d'autant qu'elle faisait dans le « western » et que je détestais ce genre-là ! Pourquoi ? La production d'albums se faisait sans budget digne de ce nom et la qualité sonore en pâtissait énormément, sans parler de la pauvreté des textes qui, convenons-en, n'avaient rien à voir avec ceux de Brel, d'Aznavour, de Bécaud et les autres que j'écoutais. Qui plus est, il n'y avait pour ainsi dire à peu près pas d'orchestrations sur le premier disque de Julie et les frères Duguay, sinon un violon et une guitare. Mes amis, dont Michel Lamothe, le fils de Willie, qui jouait alors dans Offenbach, commençaient à me taquiner au sujet de ma sœur. Vu le succès du premier disque, je savais que Julie en ferait d'autres.

Je suis donc allé voir son producteur pour lui dire : « Vous savez, j'ai un vrai *band* et je fais des tournées. S'il vous plaît, pourriez-vous me laisser faire les orchestrations du prochain album de Julie et les frères Duguay ? » Il m'a donné carte blanche. Il a fallu que j'apprenne très vite. À l'époque, Paul Ménard, un violoniste qui accompagnait Willie Lamothe dans son émission de télévision *Le Ranch à Willie*, était le réalisateur attitré des disques Bonanza. Ce label regroupait tous les artistes connus du country de la décennie : Marcel Martel, Paul Brunelle, Willie Lamothe, etc. Monsieur Ménard, un homme « propre de sa personne », comme on disait jadis, et plutôt conservateur, eut tout un choc en nous voyant arriver, les musiciens et moi, avec nos cheveux longs jusqu'au bas du dos et nos vapeurs d'alcool mêlées d'effluves de marie-jeanne[1] : « Mais c'est qui cette bande de hippies-là ? », s'exclama-t-il avant de nous accueillir, plus tard, avec la grâce qui était la sienne.

Autodidacte, j'ai bien observé Paul Ménard et j'ai appris à écrire la musique en regardant par-dessus son épaule. Peu de temps après avoir réalisé le deuxième disque de ma sœur et des frères Duguay, Jean Chaput m'a proposé de le faire aussi pour tous les autres artistes de son écurie ! Évidemment, j'ai accepté et, croyez-le ou non, j'ai réalisé ensuite près de 350 albums pour Bonanza. Et j'aime à penser que j'ai contribué à créer un lien entre ce qui était le « western cling cling » et ce qui est devenu le country.

C'était la belle vie pour mon groupe et moi, car lorsque nous n'étions pas en tournée, nous étions en studio pour travailler sur les albums des autres. Cela a duré huit ou neuf ans et, en 1979, Julie et Bernard Duguay, qui était aussi son conjoint, se sont disputés puis séparés. J'ai donc formé un nouveau groupe pour accompagner ma sœur, mais elle voulait

1. Expression familière pour marijuana.

absolument que je chante avec elle dans les duos qu'elle faisait auparavant avec Bernard.

Pourquoi ne faisait-elle pas cavalier seul ? Bien que ce soit une excellente chanteuse et que son authenticité soit aussi touchante que transcendante, Julie n'était pas une musicienne dotée d'une technique. Je me suis donc joint à elle et j'ai réorchestré tout le répertoire de Julie et les frères Duguay, en y ajoutant des chœurs, des accords mineurs et ainsi de suite. C'est donc Julie qui m'a amené vers le country. On a repêché ensuite le grand André Proulx.

Même s'il accompagnait Willie Lamothe dans un genre musical que certains regardaient de haut, il était aussi l'un des premiers violons de… l'Orchestre symphonique de Montréal. Un véritable phénomène, qui était aussi un grand spécialiste du *reel*. Cela fait au moins 40 ans d'ailleurs qu'il joue avec moi.

Et voilà comment, bien qu'ayant baigné dans cette musique avec Johnny Cash et Hank Williams depuis mon enfance en Gaspésie, je suis officiellement devenu un chanteur country.

Avec plus de 350 chansons à mon actif, je crois pouvoir dire que si je n'ai pas choisi cette musique au tout début, le naturel revient toujours au galop et c'est elle qui m'a attrapé au lasso. Comme ma femme d'ailleurs…

Chapitre 3

Chanson : *À ma mère (Perce les nuages)*

Thème : *Maman*

Titre de la chanson : *À ma mère (Perce les nuages)*

Paroles : Paul Daraîche

musique : Paul Daraîche

Année : 2012

Album : *Mes amours, mes amis*

Voici le code intelligent QR pour vous permettre de commander cette chanson sur l'album disponible sur iTunes. Grâce à votre tablette ou votre téléphone intelligent, vous pouvez vous procurer un lecteur QR qui vous amènera directement au fichier audio de la chanson sur iTunes. Vous pouvez aussi vous procurer la chanson directement sur iTunes.

Malheureusement, pour des raisons légales, nous ne pouvons transcrire les paroles de cette chanson. Par contre, celles-ci sont disponibles habituellement dans le boîtier de l'album en référence. Nous sommes désolés de cet inconvénient et nous vous remercions de votre compréhension.

À ma mère

Fin de l'été 1980. J'étais au chevet de mon père en Gaspésie. Dès le deuxième jour de sa convalescence, il était sous l'effet de la morphine qu'on lui avait administrée afin d'atténuer sa douleur. Dès lors, nous avons appris qu'il ne nous reviendrait pas. Que son grand exil était imminent. Puisque nous savions que son activité cérébrale était devenue inerte, ma sœur Julie et moi l'avons quitté afin de reprendre notre tournée en cours et nous rendre à Petit-Rocher, au Nouveau-Brunswick, où nous avions un spectacle programmé pour le Festival des rameurs.

En arrivant, je suis allé m'asseoir au bord de la mer avec ma guitare. Je regardais l'horizon en sachant très bien que de l'autre côté de la mer, exactement en face de moi, il était là, à Chandler. Le soleil était lumineux et l'on pouvait apercevoir une flopée de trous dans les nuages, ce qui conférait une aura quasi biblique à ce moment qui était lourdement chargé de sens. Puis les mots sont venus.

Elle se repose aujourd'hui
Où elle vécut avec lui
La plus grande partie de sa vie

Est-ce ma chanson la plus triste, comme le pensent certains de mes amis ? Je ne dirais pas qu'elle est triste, mais c'est peut-être la plus authentique et elle s'est écrite presque automatiquement, d'un seul jet, n'ayant par la suite à corriger que quelques mots ici et là. Mais plutôt que de la « sortir », comme on dit, je l'ai jouée à mon grand ami Patrick (Norman) avec l'intention de la lui offrir, comme c'est souvent le cas depuis de longues années.

Sur le coup, il n'en a pas voulu. Même s'il adorait la chanson, il jugea qu'elle ne lui convenait pas, qu'elle ne correspondait pas à son style. Cependant, une fois que je suis reparti, il arrive à Patrick de se raviser et de les fignoler à sa façon. Dans ces cas-là, il les reprend et les chante sans même me prévenir[1], sachant que je l'approuverai puisque, de toute manière, nous sommes de vieux complices.

C'est d'ailleurs un peu de sa faute si la pièce s'intitule *Perce les nuages*, parce que son vrai titre est *À ma mère*. Je m'explique : lorsqu'une chanson n'est pas terminée et n'a pas encore de titre définitif, j'en inscris un en haut du texte, à la première ligne, en guise de titre de travail.

En entreprenant son écriture, je me suis dit que j'allais m'adresser à mon père comme je ne l'avais jamais fait. Je pensais à lui. À sa personnalité. Il était de ces hommes de peu de mots et, éducation oblige à l'époque, s'il ne nous disait jamais « je t'aime », il savait nous le démontrer.

À un moment, ma sœur Julie est venue me rejoindre sur la plage mais, peut-être l'avait-elle sentie, j'avais besoin d'être seul ; après quelques minutes, elle est repartie. Le décor était exactement tel que je le décris dans la pièce, mais en plus, je

1. La même chose s'est d'ailleurs produite avec *Six heures moins quart*. Il l'a enregistrée sur un album sans me le dire et lorsque nous nous sommes retrouvés pour la chanter en duo à la télévision, il n'était plus certain de connaître le troisième couplet…

ressentais quelque chose d'étrange. Un peu comme si mon père était là, tout près de moi. Aujourd'hui encore, je perçois souvent sa présence et il n'est pas de journée sans que je pense à ces instants-là.

En regardant vers le soleil, j'apercevais son visage qui ne m'avait jamais semblé si apaisé, je crois. Sans trop m'en rendre compte, je me suis mis à parler aux éléments, comme le soleil et le vent. Mon côté amérindien, qui sait ? Chose certaine, je suis un homme assez mystique, comme en témoigne notamment cette photo de ma mère glissée dans mon portefeuille depuis son décès, en 2007. Il ne faut surtout pas que je l'oublie ni que je l'égare. Si jamais je ne l'avais plus en ma possession, j'aurais l'impression qu'une catastrophe se produirait éminemment. Mais revenons à la chanson. J'ai retrouvé le texte original récemment, alors que je rangeais de la paperasserie après l'incendie qui ravagea notre résidence en janvier 2016.

Patrick, dont la carrière brillait de mille feux à cette époque, a donc *endisqué* la chanson et, je devais m'en apercevoir plus tard, c'est un peu grâce à lui et à sa reprise que j'ai eu la chance de voir mon public s'élargir autant. Puis au début des années 2010, ce fut au tour d'Isabelle (Boulay) de la chanter. En Europe, sa version a trouvé plusieurs centaines de milliers de preneurs ! À ce jour, plus d'une soixantaine d'artistes ont repris cette pièce, dont Alain Morisod & Sweet People.

Si les paroles de cette pièce évoquent mon père, c'est davantage de ma mère qu'il s'agit, parce qu'au fil de l'écriture, l'orientation du texte a changé. Je me suis pris à imaginer ce qu'elle devait ressentir alors que son mari la quittait et à penser à sa vie.

Nous sommes arrivés en 1956 à Montréal et mes parents sont repartis lorsque mon père, atteint d'un cancer au poumon, est tombé gravement malade vers 1980. Il a construit une petite maison, puis il s'est éteint. Je crois que tous deux voulaient retourner mourir sous le soleil qui les a vus naître. Si Montréal était le paradis pour les autres enfants et moi, ce ne l'était pas pour nos parents. Ils avaient peur de l'inconnu et ne possédaient rien en ville, en plus de vivre dans un univers où l'horizon était toujours bouché par des maisons, des gratte-ciel. Contrairement à la Gaspésie, où l'on voit toujours la mer devant soi et la montagne derrière. Est-ce que le vent, tel que je lui demandais, a finalement soufflé cette chanson jusqu'à l'oreille de ma mère? Oui, mais pas de la façon dont on pourrait s'y attendre.

Ma mère, comme nombre de personnes de sa génération qui n'ont pas eu accès à l'éducation, n'a pas compris cette pièce immédiatement. Ce n'est qu'un an plus tard, en 1981, qu'elle m'a fait prendre conscience qu'elle en avait saisi le sens. Lorsque je pense à elle, comme en ce moment où je travaille à ce livre, je la trouve très drôle. Par exemple, lorsque j'ai remporté le trophée de l'auteur-compositeur de l'année au Gala Cabaret, en 1979, puis celui de l'album country de l'année au premier Gala de l'ADISQ avec Julie, je suis descendu en Gaspésie et ma mère m'a dit: « Maintenant que vous êtes connus, ta sœur et toi, et que vous avez gagné un Félix, vous devriez travailler avec de vrais auteurs et compositeurs!

— Mais c'est parce que c'est justement ce que je viens de gagner, m'man, un trophée d'auteur-compositeur! » (*Rires*).

Ma mère était une vraie sainte, mais sans l'image austère qu'on s'en fait. Elle riait et chantait constamment. Mon père poussait la note aussi et l'accompagnait toujours. Elle est décédée à l'âge vénérable de 96 ans, en 2008, et jusqu'à l'âge de 95 ans, elle assistait régulièrement à nos spectacles. Elle a eu neuf enfants et comme mon père était très souvent parti travailler sur un chantier, elle a presque toujours accouché en son absence, avec l'aide d'une de ses amies qui était sage-femme.

Parmi ces neuf enfants turbulents, j'étais le plus tranquille. Je suis le cadet et sans doute le plus pacifique. Le plus proche de moi est encore aujourd'hui mon frère Tonio (Antonio). Il fut portier pendant 25 ans au Casino gaspésien, un bar qui était situé au-dessus de la défunte et mythique salle de spectacles Le Spectrum, à Montréal. Tonio était un vrai dur, un *tough*, qui se bagarrait au moins deux ou trois fois par jour ! Il est aujourd'hui âgé de 76 ans et même s'il vient de se faire enlever une partie d'un poumon, il est encore « malin » et ne s'en laisse imposer par personne. Je crois que c'est mon meilleur ami, probablement parce que, en plus de nos liens naturels, nous avons vécu de nombreuses aventures similaires : les bars, la nuit, la dope, les femmes… et la guerre !

Revenons à ma mère. « Elle avait trop d'ouvrage pour travailler », comme on dit souvent au sujet des femmes de sa génération. Après que tous ses enfants eurent quitté la maison, lorsque je suis parti en tournée à l'âge de 17 ans, elle a commencé à travailler dans une résidence pour personnes âgées, qui était située sur le Plateau-Mont-Royal, à Montréal. C'était une femme très pieuse et conservatrice sur le plan des valeurs, allant même jusqu'à reprocher au pape de l'époque de se montrer trop permissif à certains égards, notamment sur la question de l'avortement.

Il est donc évident qu'elle nous a transmis plusieurs de ses valeurs judéo-chrétiennes, dont l'amour entre frères et sœurs, la générosité, l'empathie, le sens de la solidarité et l'idée qu'il fallait, comme le Christ, tendre l'autre joue si quelqu'un nous frappait. Nous, on lui répondait : « D'accord, m'man, je vais lui pardonner, mais il va en manger "une calice" avant. » (*Rires*). Elle s'inquiétait sans cesse, car ses enfants, sauf moi, étaient très agités. Surtout mon frère Tonio, à qui il arrivait mille aventures qui l'ont souvent conduit… au poste de police ! Ce qui fait que les autorités appelaient régulièrement à la maison au milieu de la nuit pour aviser mes parents de ses dernières folies. Il faut dire que Tonio, tout comme moi, a commencé à fréquenter les bars alors qu'il était très jeune.

Endroits malfamés et danseuses *topless*

À l'âge de 13 ans, je chantais déjà dans les bars et il y avait parfois des descentes de police. On me demandait : « Qu'est-ce que tu fais là, mon p'tit gars ? » et je répondais avec ma grosse bière devant moi : « Ben, je chante icitte. »

En général, c'était des endroits communément appelés des « trous » et souvent, je me suis retrouvé dans des loges en compagnie de danseuses *topless*[2] pour la bonne raison que j'avais lu dans un journal qu'un type nommé l'Oncle Sam cherchait des jeunes pour des numéros artistiques. Je l'avais donc contacté. Il ressemblait au comédien Danny DeVito. Son concept était assez simple : il s'était entouré d'une bande de six ou sept jeunes semi-professionnels, style virtuose du patin à roulettes, acrobate, jongleur ou chanteur. Il m'a entendu chanter et m'a embauché. L'après-midi, j'ai commencé à faire l'école buissonnière pour participer à ces spectacles, plus ou moins spontanés. Évidemment, ma mère n'en savait rien. On se produisait alors dans les endroits les plus malfamés de la *Main* : Le Palm Café, La Grange à Séraphin, L'Arlequin, des lieux peuplés de personnages pittoresques sortis tout droit d'un roman de Michel Tremblay : prostituées, travestis et bandits de tout acabit.

Comme ma sœur Julie gardait en pension plusieurs de mes cousins, qui venaient dans la grande cité pour essayer de trouver du travail, je me suis rapproché de mon cousin Ubald que j'ai ensuite entraîné dans mes aventures musicales

2. C'était les débuts des danseuses dites *topless*, c'est-à-dire aux seins nus. Elles conservaient leur petite culotte et un ruban gommé cachait la pointe de leurs seins.

clandestines. On s'appelait Paul and Bob ! Nous formions un excellent duo et si ma mémoire est bonne, nous percevions un dollar par jour. On nous installait dans les mêmes loges que les danseuses nues, ce qui excitait beaucoup mon cousin. De mon côté, j'avais déjà l'habitude puisque j'ai commencé à chanter avant lui. Mais ce qui lui causait le plus de problèmes, c'était la peur. Ubald était peureux comme un lièvre. Il disait souvent : « Si on continue à faire ça, on va finir par se faire tuer. » Il avait tellement la frousse qu'il a finalement abandonné notre duo et est retourné faire de la musique à Gaspé.

Peut-être vous demandez-vous si nous avons reçu des propositions de la part des effeuilleuses, qui dansaient en ce temps-là sur la musique d'orchestre ? La réponse est « oui ». Nous étions de jeunes et beaux garçons ! (*Rires*).

Mais à cette époque, ce genre de choses ne m'intéressait pas. Il faut dire que nous étions intimidés par ces femmes désinvoltes, parfois très colorées et plus âgées que nous. Si ma mère avait su que je menais cette double vie, je crois qu'elle m'aurait excommunié ! (*Rires*).

Je lui ai raconté cet épisode de ma vie bien plus tard, environ une dizaine d'années avant son décès. Elle m'a répondu : « Mon p'tit maudit. Je savais qu'il y avait quelque chose de louche ! » Je dois préciser que même si je ne lisais presque jamais et que je ne faisais pas mes devoirs, j'étais un premier de classe. Heureusement que je n'ai jamais été démasqué, car j'aurais passé beaucoup plus qu'un mauvais quart d'heure. Si mon père était quelqu'un d'assez imposant, notamment à cause de sa voix, il était doux comme un agneau, alors que ma mère était faite d'une autre pâte : lorsque cela s'avérait nécessaire, elle n'hésitait pas à nous administrer une bonne claque derrière la tête. Il faut dire que puisqu'elle a élevé presque seule ses neuf enfants en l'absence de son mari, le rôle de la sévérité lui revenait aussi.

À la naissance de chaque enfant, mon père partait « sur la brosse » de bonheur, incapable sans doute de composer avec une telle charge émotive. Cela dit, il travaillait énormément et je l'ai très rarement vu en état d'ébriété. Je crois que je n'aurais jamais pu mener une vie aussi difficile et faire preuve d'autant de courage que mes parents. En observant mes propres enfants, j'ai l'impression qu'ils n'auraient pas supporté ce que j'ai vécu. Comme si, de génération en génération, en grande partie en raison des progrès technologiques, les individus devenaient moins résistants face à l'adversité.

Ma mère et notre succès

Quoi qu'il en soit, une chose demeure certaine et elle fait partie de ce qui me réjouit le plus : mes parents ont connu notre succès. Si dans notre jeunesse ma mère était très inquiète quant à mon avenir et à celui de ma sœur Julie, les choses ont changé lorsque nous avons enregistré des disques.

La première fois qu'elle nous a vus à la télévision, elle était gonflée de fierté et elle a aussi compris que cette possibilité de carrière était sérieuse et que nous pourrions sans doute, grâce à la musique, gagner honorablement notre vie.

Nous sommes devenus assez populaires pour remplir les bars partout où nous étions à l'affiche et, au cours d'une réunion familiale, nous nous sommes dit : « Pourquoi ne pas remplir nos propres bars, plutôt que ceux des autres ? »

C'est ainsi qu'au fil des décennies, ma sœur Julie fut propriétaire de deux bars ainsi que mon frère Tonio. Heureusement d'ailleurs que Tonio était là, car il était connu et respecté des principaux personnages du monde interlope. Il n'était pas rare de voir des revolvers sortir des poches des blousons et il nous a souvent protégés en des temps qui s'apparentaient au Far West.

Ma sœur Rose, qui est aujourd'hui décédée, a aussi longtemps frayé dans les bars de Montréal, puisqu'elle fut serveuse pendant plus de quatre décennies. Elle était aussi audacieuse et frondeuse que Tonio et n'hésitait pas à balancer des taloches à quiconque osait des gestes d'intimidation à son égard. Je me souviens en souriant que je la fuyais souvent lorsque j'étais petit, car elle me faisait très peur. Elle a notamment travaillé dans le bar de notre frère, Le Ranch chez Tonio, qui était situé sur Iberville et Masson, ainsi qu'au bar-salon Rachel qui portait enseigne à l'angle des rues Rachel et Papineau, et au bar Le Pied du Quai, près du Parc La Fontaine. Un « établissement licencié » qui appartenait à ma sœur Julie et aux frères Duguay. Il s'agissait d'un endroit très *tough,* où il ne se passait jamais une journée sans que ce lieu soit le théâtre de bagarres. Quand éclataient des bagarres générales, les musiciens qui étaient sur scène devaient se tasser sur les côtés pour ne pas recevoir en pleine figure des bouteilles de bière qui virevoltaient…[3] Bref, les choses se déroulaient souvent comme dans les westerns. À cette époque, j'avais environ 19 ou 20 ans.

Je ne jouais pas dans les bars qui appartenaient à ma famille, à l'exception des jamborees. Ce sont de grands partys organisés par l'un ou l'autre des bars du circuit habituel au cours desquels le personnel des autres bars était convié.

Lorsque je suis arrivé à Terrebonne, en 1973, mon orchestre et moi étions ce qu'il est convenu d'appeler en langage de musiciens un *house band.* L'autre groupe, c'était Julie et les frères Duguay. Comme quoi, même si je ne souhaitais pas qu'ils soient mes patrons, mes frères et sœurs ont toujours été proches de moi et inversement tout au long de ma carrière

3. Je fais allusion ici aux guerres de motards et à la mafia. Des mondes que j'ai côtoyés de très près en plus de 50 années de showbiz. Il en sera question dans le chapitre consacré au show-business.

– bien que mon récent succès ait entraîné depuis quelques frictions familiales. Je demeure cependant persuadé que cela est temporaire. Ne serait-ce qu'en mémoire de notre mère pour qui cette solidarité, longtemps caractéristique de notre famille de musiciens, est l'élément dont elle demeure sans doute le plus fière de l'endroit où elle nous observe aujourd'hui.

Ma mère

Parlant de ma mère, voici un survol de son parcours… Lorsqu'elle était très petite, elle a été adoptée. Chose qui l'a sans doute marquée. Sa mère biologique était une Murray du Nouveau-Brunswick. Mon grand-père, William Aubut, qui avait des cheveux aussi longs que les miens et que je n'ai jamais vu sauf en photos, venait de Grande-Rivière, en Gaspésie, tandis que ma mère fut adoptée par une famille du même patelin, les Beaudin.

Ma mère n'a retrouvé sa sœur biologique qu'au soir de sa vie. Lorsque j'y repense, bien qu'elle m'ait toujours semblé heureuse, ma mère n'a pas eu de vie personnelle. Elle s'est dévouée à sa famille très jeune, puisqu'elle a connu mon père à l'âge de 15 ans et qu'ils se sont mariés immédiatement. Elle a eu son premier enfant à 16 ans, puis les huit autres à intervalle régulier.

Dans la maison de Gaspé, il n'y avait pas d'électricité ni d'eau courante, ce qui l'obligeait à marcher tous les jours un quart de mille (0,40 km) pour aller chercher de l'eau à la source. Et avec une poche de farine, elle fabriquait une cinquantaine de livres (23 kg) de pain maison par semaine pour nous nourrir. Tout le monde était pauvre en ce temps-là et nous avions presque tous le même genre de vie : les chantiers de la Robin pendant la crise de la fin des années 1920, puis le moulin de Chandler. Personne ne pouvait donc envier ni jalouser qui que ce soit et, comme je l'ai mentionné plus tôt, mes parents chantaient tout le temps.

D'ailleurs, les premières chansons que nous avons enregistrées avec Julie sont celles que nos parents nous ont apprises. C'était des pièces puisées dans les cahiers de *La Bonne Chanson*, créés par l'abbé Charles-Émile Gadbois, et qui regroupaient des centaines de morceaux folkloriques français. On y retrouvait, entre autres : *Ah, si mon moine voulait danser*, *À la claire fontaine*, *Au clair de la lune*, *Un Canadien errant*, et plusieurs autres. L'objectif de *La Bonne Chanson* était de contrer l'invasion massive de la chanson américaine[4].

Pour conclure ce chapitre, je dirai que mon plus grand regret à l'égard de ma mère est de lui avoir fait un énorme chagrin lorsque, sous l'emprise de la drogue, j'ai connu ma descente en enfer. Elle en fut affligée.

4. Au fil des ans, plus de 130 millions d'exemplaires de chansons sont sortis de l'atelier de Saint-Hyacinthe qui les produisait.

Chapitre 4

Chanson : *Dans ta robe blanche*

Thème : *Ma femme*

TITRE DE LA CHANSON : *Dans ta robe blanche*

PAROLES : Joëlle Bizier

MUSIQUE : Paul Daraîche

ANNÉE : 2015

ALBUM : *Laisse-moi te dire*

Voici le code intelligent QR pour vous permettre de commander cette chanson sur l'album disponible sur iTunes. Grâce à votre tablette ou votre téléphone intelligent, vous pouvez vous procurer un lecteur QR qui vous amènera directement au fichier audio de la chanson sur iTunes. Vous pouvez aussi vous procurer la chanson directement sur iTunes.

Dans ta robe blanche

C'est toi que j'ai choisie parmi toutes les fleurs du jardin de ma vie
Tu réchauffes mes hivers avec tes beaux grands yeux aux couleurs de la mer
Que j'aime caresser tes beaux longs cheveux blonds
Comme les champs de blé
Et lorsque je m'éveille toi tu es mon soleil
Je t'ai cherchée longtemps à travers toutes mes histoires d'amour sans passion
J'ai traversé le temps sans savoir que mon bonheur porterait ton nom
Quand j'ai chanté l'amour, c'était dans l'espoir de te rencontrer un jour
Dis que tu seras là jusqu'à mon dernier jour

Comme tu es belle dans ta robe blanche
Vraiment si belle Dieu comme j'ai de la chance
Je t'ai cherchée longtemps sur les chemins de ma vie
Aujourd'hui je dis oui pour le reste de ma vie

Oui je te remercie aujourd'hui d'avoir fait de moi l'homme que je suis
Les routes sans pavés, près de toi je vais les traverser sans tomber
Le bel oiseau sauvage que j'étais autrefois tu l'as apprivoisé
Toi que j'ai tant cherchée pour pouvoir m'envoler

La rédemption

Comme tu es belle dans ta robe blanche
Vraiment si belle Dieu comme j'ai de la chance
Je t'ai cherchée longtemps sur les chemins de ma vie
Aujourd'hui je dis oui pour le reste de ma vie

Dans ta robe blanche

Dans ta robe blanche est une chanson qui remonte à la journée de mon mariage. C'était quand ? Bonne question, je me trompe toujours lorsque j'en parle dans mon spectacle (*rires*). C'est même devenu un *running gag*. Était-ce le 2 août 2002 ou 2003 ? Eh bien, après vérification, la bonne date était le 3 août 2002 ! En la voyant ce jour-là dans sa robe blanche, je suis tombé en bas de ma chaise tellement elle était éblouissante. *Quelle femme sublime, pour un vieux comme moi en plus*, me suis-je dit en remerciant le ciel d'avoir cette chance inouïe d'épouser cette femme magnifique et cela malgré les 17 années qui nous séparent.

C'est mon ami le journaliste Richard Gauthier qui nous a mariés. Il est en quelque sorte « la marieuse » officielle de la famille (*rires*) et il a tenu encore ce rôle pour le mariage de ma fille Katia, qui s'est déroulé le jour de l'Action de grâce en 2016. Quant à Johanne et moi, ça faisait déjà 13 ans que nous étions ensemble. Je lui avais déjà demandé sa main à plusieurs reprises, mais elle ne me prenait pas au sérieux. Il faut dire que je lui avais fait la même proposition la première semaine où nous nous étions connus (*rires*) ! Elle s'était dit : *C'est un fou, celui-là !* C'était vrai. J'ai beaucoup d'intuition... Au fil des ans, mon ami Richard ne cessait de nous répéter : « Vous êtes trop beaux ensemble, mariez-vous, je m'occupe de tout. »

C'est ce que nous avons fait devant plus de 5000 personnes au Parc Maisonneuve à l'occasion du Festival country de Montréal. Comme j'étais en tournée à ce moment-là, nous sommes restés deux jours dans un hôtel près du lieu des festivités, qui réunirent une bonne partie de la colonie artistique, puis j'ai repris ma route vers d'autres spectacles en compagnie de Johanne qui, d'ailleurs, m'accompagne toujours. Un an plus tard, nous sommes partis en voyage de noces en Floride, où nous avons séjourné dans un des motels qui appartenaient à ma sœur Julie et son mari Claude. Elle a possédé des propriétés commerciales pendant plus de 25 ans à Hollywood, Florida.

Le jour de mon mariage, j'ai reçu dans une carte de vœux un superbe poème de la part de mon amie Joëlle Bizier. À partir de ces vers, j'ai réaménagé le texte et je lui ai accolé une superbe mélodie. Outre le propos principal, on retrouve quelques clins d'œil dans cette chanson. Lorsqu'il est question du « bel oiseau sauvage », c'est une référence à un de mes albums qui porte ce titre. Cela reflète aussi cette période de ma vie où j'étais partout et nulle part à la fois. Ce sont des paroles que j'aime infiniment. Joëlle est aussi l'auteure du texte de la chanson éponyme de l'album *L'Oiseau sauvage*. C'est une amie de longue date qui me connaît comme si elle m'avait tricoté. Elle était mariée au propriétaire de cinq bars country à Montréal. Elle a donc assisté à plusieurs de mes frasques…

Lorsqu'une semaine après avoir reçu le texte de Joëlle, j'ai chanté *Dans ta robe blanche* à Johanne, elle a adoré et s'est mise à pleurer. Je l'ai donc enregistré sur l'album *Confidences*, que je préparais alors. Cette pièce, je l'ai souvent chantée pour des mariages, mais on m'a plus fréquemment demandé d'interpréter *À ma mère* pour des cérémonies funéraires. Je dis souvent que je ne suis pas un chanteur de noces, mais un chanteur de funérailles (*rires*). Sur mon plus récent album, *Laisse-moi te dire,* j'ai repris la robe blanche dédiée à ma femme avec un autre arrangement.

C'est une véritable chance que d'avoir, depuis quelques années, la possibilité de puiser dans mon vaste répertoire pour reprendre des chansons moins connues du grand public et de les réadapter selon des inspirations musicales qui sont les miennes maintenant. *Dans ta robe blanche* est ma chanson la plus intime et c'est la seule que je ne chante jamais en duo. Johanne est unique et je refuse de la partager avec quiconque (*rires*).

Comment ai-je rencontré cette précieuse femme ? Un jour, je suis allé acheter un tapis ici, à Terrebonne, que l'on devait venir poser chez moi. Apercevant mes enfants, l'installateur m'a dit : « Si jamais tu as besoin d'une gardienne, j'en connais une très fiable et responsable qui serait plus que honorée de s'occuper d'eux. » Il s'agissait d'une personne prénommée Cécile qui était probablement ma fan n° 1. De fait, elle possédait tous mes albums ainsi que ceux de Julie et des frères Duguay. Bref, une super bonne personne, doublée d'une véritable passionnée de musique country. Je ne pouvais rêver mieux.

Rapidement, elle est devenue la gardienne des deux enfants de mon premier mariage, qui étaient alors adolescents. Mathieu, mon fils, est aujourd'hui dans la mi-quarantaine et ma fille Katia a 42 ans. Et voilà que Cécile m'apprend un jour que je ne laisse pas sa fille indifférente – et je crois que c'était aussi le cas pour elle-même ! (*Rires*).

Parfois, lorsque Cécile ne pouvait venir chez moi, je conduisais Katia chez elle, à Terrebonne. Dans ces moments-là, la fille de Cécile, Johanne, m'observait discrètement arriver puis repartir, derrière les rideaux de la fenêtre de sa chambre, comme dans les vues. En 1981, j'ai acheté un terrain à Saint-Lin avec ma sœur Julie. Nous avons loué un grand chapiteau et commencé à y présenter des spectacles tous les samedis. Un beau jour, Johanne est venue avec son chum de l'époque pour assister à un de nos concerts. C'était la première fois que je la revoyais depuis que mes enfants n'étaient plus en âge de se faire garder. À la fin du spectacle, elle a insisté pour se faire photographier avec moi et elle m'a fait comprendre, comme seules les femmes les plus subtilement audacieuses savent le faire, que je ne l'intéressais pas uniquement comme chanteur…

Puis, à mon grand étonnement, elle a disparu sans un mot.

Après la rupture avec ma première épouse, la mère de Katia et de Mathieu, j'ai connu une romance plus ou moins sérieuse avec une femme pendant sept ans. Un soir, alors que cette relation était pour ainsi dire terminée, je me suis retrouvé en spectacle au Ranch de l'Ouest, un bar country de Saint-Henri plutôt modeste… À un moment donné, mon regard a été attiré vers la salle comme si des étoiles étincelantes détonnaient avec l'endroit. *C'est fou comme l'une d'elles me fait penser à cette magnifique jeune femme que j'ai brièvement rencontrée jadis et dont je n'ai jamais pu oublier le regard ni le visage si apaisant et resplendissant*, me suis-je dit.

Sortir de la noirceur

Oui, il s'agissait de Johanne et elle était accompagnée de sa mère et de sa sœur Claudia qui, c'en est stupéfiant, lui ressemble énormément. Les gars au bar étaient en train de virer fous de voir tant de beautés en cet antre de la musique pop et du vice. Moi aussi, cela m'excitait comme un gamin à qui on propose d'aller à La Ronde, mais en même temps quelque chose me tourmentait.

Je savais que cette fille serait la bonne, mais le moment n'était pas des plus propices à une rencontre amoureuse. Il y avait d'une part plusieurs femmes dans ma vie et, d'autre part, je vivais une relation, de plus en plus toxique celle-là, avec… une drogue blanche et cristalline qui menait tout droit aux parois de l'enfer !

À cette époque, je ne dormais pas pendant des périodes de trois ou quatre jours et je mangeais peu. Par contre, je buvais, je jouais aux cartes et je me *maganais* énormément. Pendant un an, accablé de honte et de remords, j'ai dû arrêter de chanter, car je n'avais plus la force, l'énergie, ni le courage de monter sur scène. Ce que je vivais, c'était un genre de mort lente. Je suis du signe astrologique Cancer et je suis Gaspésien. La chose la plus importante au monde pour moi, c'est ma famille et mes enfants. Or, la fin de mon mariage et mon départ du nid familial m'affligeaient au plus haut point. De plus, je pensais sans cesse à ma fille malvoyante et je ne l'acceptais pas. Mes enfants étaient jeunes, grandissaient, et moi, comme un beau cave, je n'étais même pas près d'eux. Ça me faisait littéralement capoter.

N'allez pas croire que je veux m'apitoyer sur mon sort. L'échec de ce premier mariage est entièrement de ma faute. Je n'étais pas souvent à la maison et je trompais ma femme régulièrement. Dans mon métier de chanteur et de musicien, les propositions ne manquaient pas. J'étais jeune, immature et incapable de refuser des offres aguichantes. Certes, j'étais amoureux de ma femme, mais comme bien des hommes, je parvenais parfaitement à séparer l'amour du party. Cela dit, il me semble que si les choses ne se passaient pas ainsi, si les hommes n'étaient pas constamment attirés par les plaisirs charnels, il y aurait moins de monde sur terre, parce que les femmes ne sont pas aussi portées sur le sexe que nous le sommes, nous, pauvres mâles.

Cette disponibilité que nombre de femmes m'offraient, parfois en me faisant comprendre d'un simple regard pendant mes spectacles qu'elles étaient prêtes à repartir avec moi sans même me connaître, peut sans doute faire rêver bien des hommes, mais c'est un couteau à double tranchant.

Un mafieux jaloux

Cette trop grande facilité peut nous fait perdre de vue la véritable valeur des rapports humains et l'importance d'une sexualité, disons plus saine et exclusive. Sans compter que j'ai failli y laisser ma peau à quelques reprises. Notamment après une escapade avec une magnifique Italienne, dont le mari était à la fois Sicilien et… mafioso ! Laissez-moi vous dire que ce ne sont pas des types qui entendent à rire avec ce genre de choses…

J'ai « passé proche » de me faire tuer au retour de ma tournée du moment lorsqu'un soir, je l'ai aperçu, accompagné de deux hommes de main, sur ma galerie avec leurs *guns* ! À cette époque, je me foutais pas mal de tout, et il faut dire que j'étais plutôt coq et que je connaissais beaucoup de monde dans tous les milieux, dont le milieu interlope, puisque les bars où je me produisais appartenaient très souvent à un clan ou un autre. Cela n'a pas été long avant que ce type reçoive un message de ses boss lui disant qu'il ferait mieux de se tenir tranquille…

Même si je m'informais auprès de ces dames de passage de leur état civil avant chaque aventure, certaines ne me disaient pas la vérité. Il arrivait souvent que des femmes se servent de moi pour rendre jaloux leur chum ou leur mari. Ce que je détectais assez vite. Je me suis toujours fait un point d'honneur d'aller vers le conjoint pour le saluer, lorsqu'une femme se présentait à moi en leur compagnie après l'un de mes nombreux spectacles. Une « stratégie » que j'ai rapidement développée. D'autant plus que ces hommes sont peut-être également des fans. Ils ont eux aussi droit à tout mon respect. Isabelle Boulay agit de la même manière. Si un admirateur ou une admiratrice l'aborde et entame une discussion, elle invite les personnes demeurées en retrait à se présenter et à participer à la conversation afin de les connaître et de les mettre à l'aise par la même occasion.

De 1983 à 1988, j'étais membre[1] de la *house band* au Ranch de l'Ouest, où l'on jouait principalement de la musique pop

1. J'aimais bien ce rôle plus effacé de membre de l'orchestre attitré, puisqu'en plus de ne pas avoir à assumer la responsabilité du spectacle, je pouvais alors fumer du haschisch sur scène devant tout le monde ! Quelle époque quand même ! Ce fut une des belles périodes de ma vie artistique.

et du rock. On chantait surtout en français et je n'étais pas encore le chanteur country à succès que je suis aujourd'hui. Pendant cette période, je suis devenu assez « intense » quant à ma consommation, ce qui a incité ma sœur Julie à s'éloigner peu à peu de moi. Cependant, il serait faux de penser que j'éprouve un quelconque ressentiment à son égard : au contraire, je la comprends parfaitement. Cela faisait en sorte que je n'avais vraiment plus de repères : plus d'heure pour rentrer chez soi, plus personne qui m'attendait à la maison, bref, je vivais des week-ends permanents qui carburaient au désarroi.

Retour au Ranch de l'Ouest

À la fin de la session où j'avais aperçu mes étoiles dans la nuit, je suis allé m'asseoir avec le trio et j'ai engagé une conversation avec ces magnifiques créatures du bon Dieu. Plus tard, j'ai appris qu'après les avoir quittées pour remonter sur la scène, Johanne avait confié à ses deux complices familiales : « Vous allez voir qui il va embrasser, la prochaine fois que nous reviendrons ici assister à son spectacle... » Comme le dit Aznavour : « L'homme qui se croit est à mon avis stupide, car quoi qu'il en soit, c'est la femme qui décide... » (*Les filles d'aujourd'hui*).

Comme elle l'avait déjà fait dans le passé, elle est venue dans ma loge me demander si nous pouvions prendre une photo ensemble. Nous avons alors entamé une discussion, comme si nous étions un couple depuis toujours. Entre l'épisode à Saint-Lin, où elle était venue me voir jouer sous un chapiteau, et celui du Ranch de l'Ouest, je n'avais revu Johanne qu'une seule fois. C'était en 1984 à Mascouche, où je me produisais en spectacle à la salle René-Lévesque. Johanne était enceinte de son fils, qui est né en 1985, et elle était accompagnée de son chum Yves qui, de son côté, savait depuis très longtemps l'intérêt que sa conjointe me portait. Il a souvent dû se réveiller la nuit pour me haïr, surtout qu'à chaque fois que je passais à la télévision, Claudia, la sœur de Johanne, lui téléphonait pour la prévenir.

Lorsque j'ai aperçu le ventre gonflé de vie de Johanne, j'y ai posé ma main et je lui ai fait la bise. Ce garçon, qui deviendra plus tard mon fils, au même titre que mes propres enfants, est aujourd'hui batteur et guitariste alors qu'il n'y a aucun musicien dans la famille de son père biologique. Drôle de hasard, quand même…

Malgré la pleine forme que j'affichais en public, je n'allais vraiment pas bien en raison de ma récente dépendance. J'ai donc décidé d'aller à Sosua, en République dominicaine, afin de faire le point et tenter de me libérer de mes démons. Allez savoir pourquoi j'ai choisi cet endroit plutôt malfamé et dangereux – où des soldats souvent ivres déambulent dans les rues le soir et essaient de vendre leurs armes –, à la place d'un coquet cinq étoiles dans un lieu de villégiature tranquille.

Quoi qu'il en soit, je me suis dit à ce moment-là : *Qu'est-ce que je fais encore avec l'autre femme ? C'est Johanne qui m'intéresse !* Je suis resté neuf jours et, ne pouvant plus supporter le sevrage, mais fort de ma nouvelle décision sentimentale, j'ai décidé de revenir à Montréal. En arrivant, j'ai immédiatement quitté la femme avec qui je vivais et j'ai téléphoné à Johanne pour lui demander si elle pouvait m'héberger, le temps que je trouve un autre logement. De son côté, elle avait quitté le père de son fils depuis près d'un an.

Il lui aura fallu une année avant de décider de s'embarquer avec moi. Je savais qu'elle m'aimait depuis longtemps et je me rendis compte que c'était aussi mon cas. Mais j'étais si mal en point que les évidences étaient embrouillées. Au pire de ma descente aux enfers, je pensais souvent à elle et, comme une lueur dans la nuit, je m'accrochais parfois à l'espoir de refaire ma vie avec cette femme exceptionnelle. Cependant, je savais bien que ma vie de débauche et ma dépendance réduisaient ce bel espoir à néant. Comment pouvais-je être aussi convaincu que je l'aimais, alors que je ne l'avais rencontrée que furtivement à quelques reprises?

Je crois qu'il n'y a pas de hasard dans la vie, mais des rendez-vous! Certaines rencontres sont si magnétiques qu'elles relèvent presque du surnaturel. Il ne faut pas oublier non plus que sa mère avait gardé mes enfants et que je connaissais, un peu par association, son sens des valeurs qui correspondait au mien en dépit de ma vie de *bum*. Je connais ces gens-là, ceux qui sont nés à la campagne et qui ont connu la pauvreté et le goût de la pierre. J'en suis, moi aussi.

Même lorsque je m'éclatais le cerveau, que j'essayais de me convaincre que je m'amusais en faisant la fête, je savais que j'étais à côté de moi-même et de ma destinée. Bref, il n'y avait aucun doute dans mon esprit que seule cette femme, envoyée dans ma vie par la Grâce, pouvait me sortir des ténèbres enfumées, puis me redonner ce que j'avais perdu et ce qui comptait le plus au monde à mes yeux: une famille. Ma famille.

Parfois, en me remémorant cette période, je me demande si, inconsciemment, je n'ai pas voulu aller au bout de mon enfer pour me délester de mes parts d'ombre et me préparer ainsi à la venue de ma sublime salvatrice. D'autres avant moi ont vécu ce genre de comportement, mais en général, cela ne fonctionne malheureusement pas. Ce qui aurait pu être le cas avec Johanne ne l'a pas été, parce que sous ses airs de personne douce plus ou moins en retrait, c'est une véritable battante. Un volcan endormi qui peut se réveiller à tout instant, une lionne silencieuse qui mettrait à mort un chef de meute si jamais il menaçait ses lionceaux: ses convictions sont très ancrées et ne changent pas au gré des modes. C'est de loin la meilleure personne que j'ai connue dans ma vie.

Pendant mon sevrage, qui dura un an sans thérapie, elle fut constamment présente. Et cela en dépit de mes quelques rechutes. Il fallait qu'elle soit très forte. D'emblée, lorsque nous avons décidé de vivre notre histoire d'amour, nous avons joué cartes sur table : pour elle, il n'était pas question de vivre avec un toxicomane, ni pour moi de continuer cette vie de misère. Je n'avais plus d'autres solutions, il ne me restait que deux choix : Éros ou Thanatos. L'Amour ou la Mort.

Une force venue d'ailleurs

Une fois la décision prise, on a déjà parcouru un bon bout de chemin ; cependant le plus dur reste à venir. Johanne et moi savions que cela ne serait pas facile, mais il s'est révélé pire que dans mes plus sombres cauchemars. D'une part, il y a eu les rechutes au cours desquelles je disparaissais pendant trois ou quatre jours avant de revenir à la maison, comme un chat de ruelle battu, épuisé, les genoux à terre, complètement déshydraté et les lèvres ensanglantées par les fissures de la désespérance.

Elle me mettait au lit, me soignait et me bordait de son amour. Je me sentais alors comme le pire des minables, d'autant plus que nous avions un jeune enfant à la maison. Puis, elle me donnait une autre chance et je lui promettais que je finirais par réussir. Parfois, comme un enfant à qui on enlève un jouet, je lui en voulais de m'empêcher de vivre mon trip. La perception que l'on a sous l'emprise de la drogue ou de l'alcool est très étrange : on peut être en enfer et penser qu'on y est bien. Parfois, des éclairs de lucidité jaillissent : on remonte à la surface et on s'accroche. Pour s'accrocher, même si l'on se dit qu'il faut avant tout le faire pour soi-même, il est salutaire d'avoir une bonne raison. J'en avais, et plus qu'une.

Si j'ai eu la chance de rencontrer Johanne, c'est sans aucun doute grâce à ma sainte Trinité à moi : Dieu, mon père et ma mère. Je suis très mystique et durant toute cette période, je me suis aussi confié à eux, leur demandant de me venir en aide. C'est sans nul doute par l'intermédiaire de Johanne que cet anonymat de Dieu, dont parlent certaines personnes, s'est manifesté. Elle a tenu bon malgré toutes mes rechutes et ne m'a jamais abandonné. Nous nous sommes séparés à quelques reprises pendant cette année de réhabilitation, pendant laquelle le mal est sorti de moi, mais mes escapades ne duraient jamais plus de 48 heures.

Je me souviens de ma dernière rechute : je me suis tellement défoncé que je ressemblais à Al Pacino dans la scène finale de *Le Balafré (Scarface)*. Sans nul doute, je savais qu'il s'agissait de ma dernière virée et j'y suis allé à fond. Heureusement, une force veillait sur moi et je n'y ai pas laissé ma peau, mais cela aurait pu être le cas. En me remettant de cette brosse, j'ai compris que c'était la dernière et, que Dieu me garde, je n'ai jamais eu le goût de recommencer depuis.

Il serait compréhensible que les enfants de mon premier mariage aient été un peu jaloux face à tous les efforts que je déployais pour me reconstruire et bâtir une nouvelle famille. Comme ils sont intelligents, ils savaient que j'étais sous l'emprise de quelque chose de plus fort que moi. Ils comprenaient aussi que j'étais jeune, fou et un peu con, mais – et c'est là, l'essentiel – tous mes enfants s'aimaient et il ne saurait être question de demi-frères ou de demi-sœurs : tous sont frères et sœurs, un point c'est tout. Mon plus grand regret ? Ne pas avoir su prendre soin de mes premiers enfants et les combler de cadeaux et de voyages, comme je l'ai fait avec les enfants de mon second mariage. Je commençais ma carrière, je ne touchais pas de cachets mirobolants et, il faut bien en convenir, je « flambais » en drogue tout l'argent que je gagnais.

Pour revenir à Johanne, une des choses que j'admire le plus chez elle est son empathie et son sens de l'abnégation. C'est une véritable bienfaitrice qui s'occupe bénévolement des personnes âgées, qui cherche des refuges pour les animaux abandonnés et qui fait le bien partout autour d'elle.

Ça tombait bien, parce que j'étais pas mal plus vieux qu'elle (17 ans), je vivais comme un chat errant et j'avais énormément besoin d'amour (*rires*). Bref, Johanne est une véritable Mère Teresa. D'ailleurs lorsque je l'ai choisie, je savais que si je perdais la vie à cause de mes folies – même si je comptais arrêter un jour – Johanne était un ange et que les enfants que nous aurions seraient en sécurité.

Maintenant que cet enfer est derrière nous, je me rends compte que j'étais une bonne personne devenue menteuse, manipulatrice, égoïste, blasée et cynique, en raison de ma consommation. Johanne a fait de moi un meilleur homme, c'est évident, mais elle m'a surtout ramené à ma vraie nature. Je suis redevenu le Paul-Émile[2] de ma mère. Un gars bon et généreux qui a retrouvé son sens des valeurs. Si à un moment j'avais envie de cracher dans le miroir quand j'y voyais mon reflet, depuis ma rencontre avec Johanne j'ai réappris à m'aimer et, par conséquent, à aimer les autres. Merci la vie.

2. Mon prénom officiel est Paul-Émile.

Chapitre 5

Chanson : *Le Vieux Gaspésien*
Thème : *Ma Gaspésie*

Titre de la chanson : *Le Vieux Gaspésien*

Paroles : Gilles Daraîche et Paul Daraîche

musique : Gilles Daraîche et Paul Daraîche

Année : 2012

Album : *Mes amours, mes amis*

Voici le code intelligent QR pour vous permettre de commander cette chanson sur l'album disponible sur iTunes. Grâce à votre tablette ou votre téléphone intelligent, vous pouvez vous procurer un lecteur QR qui vous amènera directement au fichier audio de la chanson sur iTunes. Vous pouvez aussi vous procurer la chanson directement sur iTunes.

Le Vieux Gaspésien

Assis sur une chaise, tout près de sa maison
Un vieux Gaspésien rêve quand il était garçon
Dans les grands champs de blé, derrière les bâtiments
Il a passé sans peine d'agréables moments

Je me souviens encore, dit-il d'une voix tendre
Du bon vieux feu de bois, la braise aussi sa cendre
Moi et tous mes amis, l'entourant éblouis
À chaque craquement d'bois, nous paraissions surpris

{Refrain}

Elle en a travaillé cette vieille charrue
Mais l'herbe a repoussé, on n'la voit presque plus
Les champs abandonnés, on ne coupe pas le foin
Il faudra bien qu'un jour, nous y mettions la main

Solo

Je suis sûr que mon père, qui nous regarde d'en haut
N'est pas très fier de nous, en voyant ce fléau
La grange, les animaux, instruments aratoires
Sont venus du passé, pour passer à l'histoire

{Refrain}

Le Vieux Gaspésien

La chanson *Le Vieux Gaspésien* m'a été inspirée par mon oncle Georges. Non pas le personnage comique incarné par Daniel Lemire, mais mon oncle qui vivait en Gaspésie. C'est son fils Gilles, mon cousin, qui a écrit le texte, pour lequel j'ai composé une musique. Même s'il s'agissait de mon oncle, cela aurait très bien pu être mon père ou un ami de la famille, puisque les hommes de ce coin de pays et de cette génération partageaient de nombreux points de vue et se ressemblaient tous.

L'un des plaisirs de ces aînés était de nous écouter, nous les plus jeunes, lorsque nous nous réunissions autour d'un feu avec une guitare pour chanter. Il faut savoir que tous les Gaspésiens aiment chanter. Donc, ces vieux sortaient de leur maison avec une antique chaise en bois, bourraient leur pipe, l'allumaient et nous écoutaient pendant des heures. Tout en nous observant, mon oncle Georges plongeait dans ses souvenirs et revisitait le film de sa jeunesse. *Dans les grands champs de blé, derrière les bâtiments/Il a passé sans peine d'agréables moments...*

Ce passage évoque l'endroit où les garçons de sa génération, comme ceux de la mienne, allaient « jouer aux fesses » avec... leurs petites cousines ! Pour nous prêter à ces jeux interdits, nous allions souvent derrière la grange, mais parfois nous préférions nous dérober des regards curieux en nous installant sous les « vailloches » (bailloches). C'est-à-dire ces immenses bottes de foin qui jonchent les champs après les moissons. On entrait là-dedans comme dans des huttes nuptiales. Le vieux Gaspésien de la chanson avait lui aussi vécu ce genre d'aventure et son œil devenu rêveur lorsque nous entonnions des morceaux suggestifs nous faisait sourire.

Toutefois, une chose le rendait triste et constitue aujourd'hui encore un drame terrible pour ma belle Gaspésie : l'absence de relève. C'est à ce manque d'intérêt des enfants pour l'héritage de leur père que fait référence le passage :

Elle en a travaillé cette vieille charrue
Mais l'herbe a repoussé on n'la voit presque plus
Les champs abandonnés, on ne coupe pas le foin
Il faudra bien qu'un jour, nous y mettions la main.

Mon oncle George, comme mon père, se désolait souvent de constater que malgré leurs nombreux enfants, il n'y avait point de relève. C'est ce que suggère l'image de la vieille charrue camouflée par les longues tiges entières de foin pas coupé. Avec l'enfouissement sous les blés de l'ensemble des instruments aratoires, ceux qui servent au travail agricole, c'est une partie d'eux-mêmes que nos bâtisseurs voyaient disparaître. Cela me rappelle d'ailleurs qu'un jour Kevin Parent m'a posé cette question : « Ça veut dire quoi "aratoire" ? » (*Rires*). Sa question démontre ironiquement à quel point les plus jeunes n'ont pas pris la relève. Ce mot désigne la faucheuse, la racleuse, le moulin à faucher, etc. Je suis certain que mon père, qui nous regarde sans doute de là-haut, n'est pas très fier de voir que nous avons abandonné ces terres que ses compagnons de labeur et lui ont tant travaillées.

Cette chanson a été écrite en 2011. Je l'ai réinterprétée plus récemment avec Patrice Michaud pour mon album de duos *Laisse-moi te dire* (2015). Une version que j'adore. Il chante tellement bien. C'est d'ailleurs pour cela que je la lui ai proposée en duo, et aussi parce que je savais qu'il serait touché par cette pièce qui illustre également l'histoire de son père. J'ai connu Patrice il y a quelques années, alors que je participais à une émission de télévision animée par Gildor Roy et qui réunissait aussi Kevin Parent et Daniel Lavoie. Timide, il était très impressionné de partager la même loge que de vieux routiers comme nous et, tout de suite, nous nous sommes pris d'affection pour lui. C'est un garçon très drôle et gentil qui, en plus, chante comme un ange. Je l'aime bien.

Comme Vincent Vallières aussi, que j'ai connu au Festival de la chanson de Granby. Nous l'avions fait venir pour chanter à l'émission *Pour l'amour du country*[1]. Il était tellement timide qu'il m'a fait penser à moi lorsque j'étais jeune. Damien Robitaille m'a également fait rire aux larmes. D'une extrême timidité à cette époque, il ne faisait que regarder par terre et il ne parlait à personne. C'était la première fois qu'il venait chanter avec Isabelle Boulay et moi. Aujourd'hui, quand je vois à quel point il a évolué et pris de la maturité, je n'en reviens pas.

Toujours à l'occasion de *Pour l'amour du country*, je me suis récemment rendu à Halifax pour enregistrer une émission avec mon amie Ginette Reno. C'était, je crois, la première fois que mes chers Acadiens voyaient Ginette en personne. En raison de quelques pépins techniques pendant l'enregistrement, Ginette s'est mise à raconter des histoires. C'est une formidable raconteuse et elle aime particulièrement les blagues grivoises. Les gens se roulaient par terre tant ils riaient. Le public

1. Il s'agit d'une émission de télévision diffusée par Radio-Canada qui est produite à Moncton, en Acadie. Les musiciens maison sont donc Acadiens. Elle est animée par Patrick Norman et on y retrouve souvent des artistes acadiens mais aussi des Québécois. À l'origine, l'émission s'appelait *Country centre-ville* et elle était animée par Patrick et Renée Martel. Devenue *Pour l'amour du country*, cette émission est toujours en ondes à ARTV et à Radio-Canada. Ces émissions très populaires sur la musique country durent depuis plus de 20 ans, ce qui est phénoménal. Un peu comme jadis *Le Ranch à Willie*.

présent ce jour-là n'en revenait tout simplement pas d'entendre pareilles choses sortir de la bouche de la grande madame Reno. Heureusement que c'était hors ondes (*rires*). Je pense que là-bas, ils rient encore !

C'est Ginette qui m'avait demandé d'y aller et elle était tellement contente d'être en Acadie, que son bonheur était contagieux. Tout cela a été rendu possible grâce au succès de mon album *Mes amours, mes amis.* Un disque qui, comme on le sait maintenant, m'a permis de sortir du seul cercle des initiés de la musique country pour atteindre le grand public, et ce, grâce à Mario Pelchat. Lui qui croit en moi plus que moi-même. On reparlera de Ginette et de mes autres complices de scène et de vie dans mon chapitre consacré au show-business. Revenons à la chanson et à notre thématique : la Gaspésie.

Le quêteux

Un touriste, disons Français, qui viendrait en Gaspésie pourrait aisément trouver gîte et hospitalité auprès de nombreuses familles. Sens de l'hospitalité oblige, on l'inviterait et on se mettrait à jaser avec lui, comme on le faisait jadis avec « le quêteux ».

Le quêteux ? À une certaine époque, on retrouvait dans le salon ou la cuisine de chaque maison en Gaspésie la chaise dite du quêteux. Et gare à celui ou celle autre que lui qui voulait y prendre place, et ce, peu importe le moment dans l'année ! Le quêteux était un individu plutôt vagabond qui errait de village en village, sauf dans celui d'où il venait, en quête d'aumône en échange de laquelle il donnait des nouvelles de la vie quotidienne (naissances, mariages, décès, catastrophes, etc.) dans les municipalités qu'il avait précédemment traversées.

On ne le voyait généralement qu'une fois par an. J'ai connu ce temps-là et laissez-moi vous dire que tout le monde aimait recevoir la visite de ce personnage. C'était facile à comprendre : personne ne possédait de radio, encore moins de téléviseur, et il n'y avait pas de journaux. Lui seul était donc habilité à donner des informations sur ce qui se passait dans les patelins environnants. Parfois, il venait d'aussi loin que de la vallée de la Matapédia. Il restait toute la soirée à raconter ses histoires, parfois purement imaginaires, et on lui offrait en échange l'hospitalité. Le lendemain, il partait pour recommencer ailleurs, se déplaçant de train en train et de charrette en charrette.

Les gens par chez nous étaient tellement contents de le voir qu'ils lui donnaient souvent leurs maigres économies. Cet individu remplissait une fonction sociale qui remonte au temps de la colonisation. En effet, le colon avait le devoir d'offrir gîte et nourriture. On retrouve ce type de vagabond légendaire dans le radioroman puis le téléroman *Les Belles Histoires des pays d'en haut* à travers le rôle de Jambe de bois.

Le vieux Gaspésien de la chanson n'était pas un mendiant. Au contraire : les autres et lui ont trimé tellement dur toute leur vie qu'il est difficile d'imaginer à quel point leur existence était difficile. Il travaillait au moulin à Chandler, pêchait le homard, la morue, etc.

L'abandon

Lorsque je pense aujourd'hui à mon coin de pays, je suis en colère en constatant à quel point les décideurs publics et privés négligent la Gaspésie, alors que c'est la plus belle région du Québec. J'en parlais justement à l'été 2016 lors d'une tournée en Gaspésie où j'ai eu le plaisir de rencontrer le député de Gaspé Gaétan Lelièvre[2] (Parti Québécois) auquel j'ai fait part

2. Le 29 juin 2016, le député Gaétan Lelièvre a fait « une déclaration de député » à l'Assemblée nationale du Québec dans laquelle il a salué ma carrière ainsi que ma contribution au « rayonnement de notre précieuse région ».

de ma grande désolation : Percé, qui est un joyau, est presque laissé à l'abandon ! C'est triste aussi pour les touristes qui viennent d'ici comme de l'étranger. On n'y construit presque plus d'infrastructures, les trains de voyageurs ont disparu depuis longtemps et la mer démolit les quais que personne ne répare. Le gouvernement fédéral qui n'injecte plus d'argent pour entretenir les ponts, qui comme les quais sont de sa compétence, et cela même si l'on envoie plus de 50 milliards en impôts annuels à Ottawa.

On dirait que la Gaspésie va fermer et pourtant il y a énormément de potentiel et de talents de toutes sortes dans la région. Même si j'ai grandi en ville, mon tempérament gaspésien ne m'a pas quitté pour autant, mais il est plus présent dans le reste de ma famille. Sans trop vouloir généraliser, je dirais que les Gaspésiens sont des tannants qui aiment ça quand ça brasse. Surtout ceux qui fréquentent les bars. C'est du « bon monde » que ça ne dérange pas d'en venir aux poings, même entre membres de la même famille ! Ils sont comme des cowboys. J'ai souvent vu des Gaspésiens se bagarrer, puis entendre l'un des deux malcommodes dire à l'autre : « Tu es meilleur que moé, on se reprendra une aut' fois. » (*Rires*).

La plupart du temps, ils prenaient ensuite une bière ensemble. Comme à la lutte dans les années 1970. Outre cet aspect bourru, ce sont des êtres extrêmement travaillants et généreux. Souvent, puisqu'ils travaillent à la dure, ce sont des hommes forts qui ont un faible pour la dive bouteille. Pas étonnant qu'ils en viennent aux coups. Aujourd'hui, les choses ont beaucoup changé, mais à l'époque de mes parents, ça se passait ainsi.

Dans les années 1940, l'État donnait des terres aux jeunes couples qui venaient de se marier. Cela fut le cas pour mes parents, qui reçurent une terre d'un mille et demi de long (2 kilomètres) touchant une rivière d'un côté et une montagne de l'autre, sur 300 pieds (95 mètres) de large.

Afin de s'installer, les hommes commençaient par bâtir le solage de la maison et lorsque celui-ci était terminé, même si aucun mur n'était encore érigé, le mariage avait lieu et les gens dansaient sur ce plancher. J'ai vu cela à plusieurs reprises. En y pensant, je revois la plateforme au milieu des champs, les violoneux et les joueurs d'harmonica du village qui assuraient le volet musical, tandis qu'un « calleur » s'occupait de diriger la danse.

Je n'ai pas eu la chance d'apprendre à danser, comme mon père et mes frères et sœurs. Mon père était d'ailleurs un redoutable danseur de gigue. Lorsqu'il venait nous voir au Casino gaspésien à Montréal, il montait sur scène pendant les *reels*. Le patron du bar, M. Saint-Onge, qui était lui-même un sacré bon danseur de gigue, capotait en le voyant. Le *reel* est, selon moi, une variante du country, c'est le trip des *hillbillies*, c'est-à-dire les gens qui sont nés à la montagne et qui ont grandi sans eau courante ni électricité, comme nous. Comme Dolly Parton que j'adore.

J'aime toujours retourner en Gaspésie et j'y vais au moins quatre fois par an. Lorsque j'arrive, la mer me bouleverse et me transforme. C'est pour cela que j'ai acheté une maison au bord de l'eau dans Lanaudière. J'ai besoin de ce contact. J'aime aussi le parfum particulier de ce coin de pays et son vent salin. D'ailleurs, je ne vois aucune différence entre les Gaspésiens et les Acadiens. J'ai passé une bonne partie de ma carrière sur les deux territoires. Je crois même avoir joué plus souvent en Acadie qu'en Gaspésie. La plus grande différence est le parler franglais des Acadiens, ce qu'on appelle aussi le *chiac*. J'arrive aujourd'hui à comprendre ce langage vernaculaire[3], mais il m'a fallu du temps.

3. Du pays, dialectal, ou qui ressemble à un dialecte.

D'ailleurs, ça me rappelle une blague avec le chanteur country Réginald Charles Gagnon, dit Cayouche. Un Acadien adoré aussi des Gaspésiens, qui me fait toujours bien rire. Mon ami Claude lui a un jour demandé : « Pis, Cayouche, comment va ta santé ? » Il lui a répondu : « Ma santé va bien ; c'est avec ma senteur que ça va mal ! » (*Rires*).

Chapitre 6

Chanson : *Je pars à l'autre bout du monde*

Thème : *La rédemption*

TITRE DE LA CHANSON : *Je pars à l'autre bout du monde*

PAROLES : Isabelle Fiset

MUSIQUE : Paul Daraîche

ANNÉE : 2012

ALBUM : *Mes amours, mes amis*

Voici le code intelligent QR pour vous permettre de commander cette chanson sur l'album disponible sur iTunes. Grâce à votre tablette ou votre téléphone intelligent, vous pouvez vous procurer un lecteur QR qui vous amènera directement au fichier audio de la chanson sur iTunes. Vous pouvez aussi vous procurer la chanson directement sur iTunes.

Je pars à l'autre bout du monde

Je pars à l'autre bout du monde
Sentir le vent et les marées
Voir si la Terre est vraiment ronde
Et qui habite de l'autre côté

Je pars à l'autre bout du monde
Tout seul à bord de mon voilier
Et si jamais la Terre est ronde
Je reviendrai pour vous chercher

Je partirai à l'aventure
Avec mon bagage de courage
Je m'enfouirai dans la nature
Aux limites du grand naufrage

Il n'y aura jamais de montagnes
Qui oseraient défier mon chemin
Et, même si mon soleil s'éloigne
Je survivrai à mon destin

{Refrain}

J'emporte ma curiosité
Redécouvrir ce qu'on a perdu,

De ces millions de nouveautés
Remplir mes yeux de jamais vu

J'irai au bout de mes conquêtes
Au pays où règnent les rois
J'irai jusqu'à y faire la fête
De ces richesses et de ces joies

{Refrain}

Je pars à l'autre bout du monde
Tout seul à bord de mon voilier

Souvenirs d'enfance

Papa, Maman, Lucia, Antonio, Daniel et moi avec notre cheval à la rivière Pabos.

11 ans et déjà je me voyais en cow-boy.

À 3 et 6 ans, dans les bras de mon père.

Souvenirs de famille

Ma mère et mon père
à leurs débuts.

En 1962, pour ma
communion solennelle.

Ma mère à mon
mariage en 2002.

Avec mon fils Dan
et ma fille Émilie
sur la tombe de mes
parents. Ils travaillent
tous les deux
avec moi aujourd'hui.

Souvenirs de famille

Ma sœur Rose et mon frère
Sylvio, aujourd'hui décédés.

Ma sœur Julie, sa fille Dani,
en compagnie de ma fille Katia,
avec qui je formais la famille Daraîche.

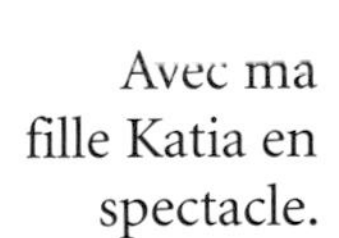

Avec ma
fille Katia en
spectacle.

Mon fils Dan,
drummer,
à l'âge de 8 ans.

Souvenirs de mariage

Johanne et moi lors de nos retrouvailles au Ranch de l'Ouest en 1988.

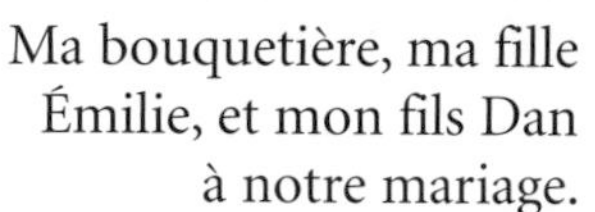

Ma bouquetière, ma fille Émilie, et mon fils Dan à notre mariage.

Notre carte de remerciements pour notre mariage le 3 août 2002.

Mon épouse Johanne et nos cinq enfants.

Mes amours

Avec mon amour
aux Îles-de-la-Madeleine.

Lors de notre
1er anniversaire
de mariage.

Avec mes enfants à
La Guerre des clans.

Tout mon clan incluant
les petits-enfants.

Souvenirs de mon ami Willie

Avec mon chum,
Willie Lamothe.

Avec la femme
de Willie, Jeannette.

Je chantais pour
Willie *Mon vieux
copain.*

Ma mère,
Willie Lamothe,
Patrick Norman,
ma nièce Dani
et ma sœur Julie
Daraîche en
Gaspésie.

La famille Daraîche

À l'émission *Boubou dans l'métro* avec ma sœur Julie et Jacques Boulanger.

10 ans de succès… la famille Daraîche.

Disque diamant avec ma famille pour 1 700 000 albums vendus en carrière.

Souvenirs d'écriture

Merci à Claude pour sa complicité dans ce projet.

Je pars à l'autre bout du monde

Je n'en ai jamais fait de mystère : comme bien d'autres, j'ai moi aussi connu ma descente aux enfers.

Ce que je prenais ? Cela relève de l'anecdote plus ou moins pertinente. Pour faire court et simple, disons que j'étais sous l'emprise d'une drogue dite dure, par opposition aux drogues douces comme la marijuana ou divers types d'alcool.

Ce chapitre de ma vie est sans doute le plus difficile à aborder, car il plonge au cœur de la part la plus pénible de mes souvenirs, ce qui ne se fait jamais sans douleur ni regret.

De cette période, qui a duré sept ans, ce que je regrette peut-être le plus est de n'avoir absolument rien écrit : pas une parole ni une ligne mélodique.

Si au moins je m'étais servi de cette souffrance pour la transformer en quelque chose de beau, cela aurait peut-être davantage de sens à mes yeux aujourd'hui. Et encore... Une chose demeure certaine : j'aurais au moins des documents qui me permettraient de me remettre dans le contexte de ce que je vivais à l'époque.

Mais ce que je voyais en ce temps-là ne m'inspirait pas du tout. S'il y a des auteurs qui savent carburer à la noirceur, pour ma part, cela va l'encontre de ma véritable nature qui est plutôt celle d'un bon vivant. Lorsque l'on me demande en quoi consistait cet univers infernal dans lequel je me suis enfoncé sans trop m'en apercevoir, je réponds souvent que c'est un monde que les gens normaux, dans le bon sens du terme, c'est-à-dire sans dépendance destructrice, ne voient pas, ne connaissent pas, n'imaginent même pas.

C'est un monde de nuit peuplé de fantômes. Depuis que je me suis extirpé de cet enfer, il y a maintenant 25 ans, je n'ai plus revu ces spectres-là, même s'ils continuent de fréquenter des lieux où, pour des raisons professionnelles, je me rends parfois. Étrangement, je ne les avais jamais vraiment remarqués auparavant. Seule la substance en question m'a un jour uni à eux.

Comment suis-je tombé si bas ?

Pas question que j'attribue mes malheurs et leurs conséquences à qui que ce soit d'autre que moi. Mais lorsque ma première fille est venue au monde avec les facultés visuelles très affaiblies, j'ai commencé à en vouloir à la vie.

Sans doute était-ce une réaction égoïste de ma part, car j'aurais été d'un meilleur secours si j'avais au contraire redoublé de courage, mais qui peut prévoir notre réaction face à n'importe quelle circonstance ?

En 1984, alors que Katia avait 9 ans, sa mère et moi nous sommes séparés. Je suis allé vivre dans un condo de récente construction à l'angle des rues Christophe-Colomb et Villeray. Étrangement, c'est presque à cet endroit où nous nous étions installés avec ma famille lorsque nous sommes arrivés à Montréal, dans les années 1950. Peut-être qu'inconsciemment je me sentais perdu et que je cherchais des repères ? Quoi qu'il en soit, j'étais devenu une proie facile pour les vautours qui vendent de la dépendance en sachet et ce qui devait arriver, arriva : je suis rapidement tombé dans tous les excès.

Je me sentais alors particulièrement désemparé : plus personne ne m'attendait et je n'arrivais pas à me faire à l'idée que j'allais rentrer dans une maison vide après mes spectacles. Je me réfugiais donc dans ces bars qui continuent à servir de l'alcool après l'heure légale – 3 heures du matin – afin d'éviter le sommeil et la nuit qui me faisaient peur, comme le *Bonhomme Sept Heures* qui hanta des générations d'enfants. Pourquoi ? Sans doute parce qu'étant hyper sensible, je revis souvent mentalement d'affreux épisodes de ma vie qui, pour l'essentiel, se déroulaient durant la nuit.

À une triste époque où j'étais moi aussi devenu, comme le chante Claude Dubois (*Artistes*), j'étais aussi un vampire qui vivait la nuit et dormait le jour. Même aujourd'hui, j'ai du mal à dormir dans une pièce totalement noire. Les souvenirs de personnages, de situations, de gens s'entrechoquent dans ma tête !

Au début de ma consommation, vers 1982-1983, j'avais alors 37 ans, je me suis « lié d'amitié » avec des gars comme moi. Des types qui travaillaient le soir ou la nuit, n'avaient pas de conjointe ni d'enfants et se comportaient comme des adolescents.

Devenu une proie vulnérable, on m'offrit tout un arsenal de substances illicites. Si j'avais résisté pendant des années, ce n'était plus le cas. D'autant plus que je me retrouvais dans des situations où il est quasiment impossible de refuser.

Avec les « gars de gaffe », c'est-à-dire des membres du milieu interlope, il faut accepter ce qu'on nous offre sous peine de sembler suspect, et ça, c'est dangereux pour notre sécurité. Pour quiconque tourne depuis 40 ans dans des bars, on se retrouve contraints d'accepter ce double cognac par-ci ou cette substance poudreuse par-là.

Je pense sincèrement qu'il s'agissait d'un passage obligé pour les musiciens de ma génération qui travaillaient dans le même genre de bars que ceux où je me produisais. À force de s'en accommoder ici et là, on finit par tomber dans le piège et l'on devient dépendants. Surtout qu'en consommant, c'est un peu comme avec la boisson, on a l'illusion que les choses vont moins mal. L'esprit se concentre sur des trucs et on pense moins à sa souffrance.

Or, je ne suis pas du genre à faire semblant : lorsque j'essaie quelque chose, je le fais à fond, je vais jusqu'au bout. Il fut un temps, celui où des artistes comme Michel Louvain chantaient dans des bars, à l'exemple du Casa Loma, où c'était différent. La mafia possédait ou contrôlait plusieurs endroits, mais il n'y avait pas encore de dope. Les activités criminelles étaient surtout liées au jeu, à la prostitution, au prêt usurier, etc. Mais dans les années 1970 et 1980, les drogues ont modifié le paysage nocturne montréalais.

Le far west

Parfois, je jouais dans des bars où les clients et le personnel n'étaient pas épargnés par les coups de revolver. C'était de véritables saloons, dans lesquels des « malades mentaux » pouvaient surgir à tout instant. C'est ainsi que mon guitariste, alors qu'il avait une dizaine d'années, frôla la mort… Il chantait avec son père au bar La Gaieté, qui était situé à l'angle des rues Cartier et Bélanger, lorsqu'un type est entré avec l'intention de buter le boss de la place qu'il détestait. Le type a tiré sur neuf personnes, dont une femme enceinte, avant d'atteindre le patron en question ! Il y a eu cinq morts et trois blessés, dont le père de mon ami guitariste qui reçut cinq balles dans la peau ! Il s'était jeté sur son fils pour le protéger et mon guitariste est toujours traumatisé par cet événement, survenu en 1977 et qui fit la une des journaux. Aujourd'hui encore, si quelqu'un par malheur crie : « Bouh ! », il fait un bond dans les airs !

Pour revenir à ma consommation, il m'arrivait régulièrement à cette époque de passer presque une semaine sans avaler la moindre nourriture. Lorsque mon ventre finissait par crier famine, je me faisais livrer n'importe quoi. En 1989, après quelques années de ce régime tabac-dope-femmes-alcool, j'ai commencé à me détester et à ne plus aimer du tout mon trip. Qui plus est, je ne pouvais plus m'adonner à ce que j'aimais le plus au monde : chanter ! Eh oui, j'ai dû cesser pendant un an, car j'ai perdu ma voix.

Quand j'ai vécu ma période de désespérance, j'ai souvent fréquenté des endroits très peu recommandables pour « m'alimenter ». Et c'est là surtout que j'ai vu des horreurs qui, parfois, hantent encore mes nuits.

Naufragés de l'enfer

Lorsque l'on se promène dans les rues de Montréal, on voit des immeubles abandonnés, scellés et placardés de planches de contreplaqué, et l'on ne se doute pas de l'horreur qui se trame derrière ces murs. Loin d'être désertés, ces bâtiments sont souvent ce qu'on appelle dans la rue des *shooting galeries*. À l'intérieur, on y côtoie de pauvres toxicomanes qui sont les paumés de la société et, parmi eux, certains jeunes de 12 ou 13 ans, des filles comme des garçons, couchés à même le ciment qui s'injectent, fument ou reniflent de la drogue quotidiennement, après s'être prostitués pour avoir de quoi se procurer leurs doses.

Même à 40 ans, comparé à eux, j'étais un novice en la matière. On ne voit pas ces jeunes qui vivent la nuit et se cachent le jour dans ces lieux morbides, mais ils doivent sûrement être plusieurs centaines à Montréal seulement.

Une fois, on m'avait donné rendez-vous avec un auteur de chansons, en vue d'une éventuelle collaboration, dans une cour du Plateau-Mont-Royal. Pour l'atteindre, j'ai dû emprunter un couloir tellement étroit entre deux immeubles qu'une seule personne à la fois pouvait y circuler. Au milieu d'un terrain jonché de déchets de toutes sortes, il y avait une table autour de laquelle était assis une dizaine de Dracula, blêmes comme la mort, avec chacun devant soi un sac de consommation. Vêtus de lambeaux, ils avaient les yeux exorbités et hagards. En les voyant, j'ai eu peur d'y laisser ma peau, certain aussi qu'il y avait des armes camouflées sous les lambeaux de cette triste faune. « C'est mes chums, ils attendent quelqu'un », m'a lancé le parolier en faisant sans doute allusion à un *pusher*. Parmi eux, des jeunes qui ressemblaient à des vieillards, mais aussi des préadolescents !

Évidemment, j'ai pensé à mes enfants et je me suis mis à me faire du mauvais sang pour eux. À partir des premiers moments où j'ai connu ces naufragés de l'enfer, j'ai commencé à avoir des remords et j'ai songé à tout arrêter, à défaut de ne pouvoir le faire à la place des autres. Ça fait 25 ans de cela. J'imagine que les choses sont encore pires aujourd'hui. C'est peu de temps après cette histoire que j'ai perdu ma voix et que je n'ai pas pu travailler pendant un an. J'ai donc dû, moi aussi, avoir recours à l'aide sociale !

J'avoue que c'est tout une débarque pour le Gaspésien fier et droit que j'étais auparavant que de me retrouver un jour sur le BS.

Dans ma pire période, ma vie de consommateur me coûtait une telle fortune qu'au point où, lorsque je me réveillais d'un long sommeil après avoir galéré pendant toute une semaine, j'étais content car je considérais que j'avais économisé ! C'est fou comme notre façon de penser et de réagir devient complètement irrationnelle lorsque nous sommes, comme je l'étais, sous l'emprise de quelque chose de plus fort que soi, que son libre arbitre ou sa bonne volonté.

Dans une nuit de délire, j'avais rêvé que la Dame à la faux m'avait défié et dit : « Ne t'inquiète pas, tu vas y passer comme les autres, mais ce n'est pas encore ton tour. » Puis elle avait ajouté : « J'aime bien ce que tu fais. » Baveux, j'avais répondu : « Ce n'est pas réciproque ! »

Je m'en voulais et je me détestais tellement que j'avais envie de mourir. Évidemment, je songeais à arrêter de consommer, mais je ne savais pas comment m'y prendre et je ne voulais pas aller en thérapie. Me connaissant, je sais que ça n'aurait pas duré bien longtemps. Même dans mon désordre mental d'alors, j'étais persuadé, plus ou moins consciemment, que si je réussissais tout seul à m'en sortir, cela aurait davantage de poids à mes yeux et, donc, que ça fonctionnerait ensuite pour toujours.

J'avais atteint l'extrémité de mon grand naufrage personnel : il me restait à savoir si la terre était ronde pour que je puisse revenir à moi-même ou si elle était plate au point de tomber dans un gouffre infini.

Lorsque j'ai finalement pris la décision d'arrêter de consommer et de me libérer de ma dépendance, je suis « métaphoriquement » parti à l'autre bout du monde pour voir si j'y étais. J'étais dans le noir, mais j'ai décidé de m'en sortir et d'aller, non dans quelque autre pays, mais bien au bout de moi-même.

Le texte de la chanson *Je pars à l'autre bout du monde*, que j'ai reçu à la fin des années 1990, m'a beaucoup interpellé, car en lisant les paroles d'Isabelle Fiset, je revivais une partie de ma propre histoire. J'y ai ajouté la phrase : « Tout seul à bord de mon voilier » et la mélodie m'est venue immédiatement. Lorsque l'on se retrouve dans la situation qui fut la mienne, personne ne voulait vraiment me voir et, pour ma part, je ne voulais voir personne. Sauf, bien sûr, ma fidèle Johanne[1].

Pour les personnes qui ne connaissent pas ces problèmes de dépendance et qui se demandent pourquoi il m'a fallu tant d'années avant de réagir, je répondrai que, paradoxalement, je me sentais bien dans mon enfer ! Sous l'emprise de certaines drogues, on se cache, on s'isole de ceux qu'on aime et qui nous aiment, préférant s'entourer de gens comme soi.

En lisant une deuxième fois le texte d'Isabelle, mon petit film d'horreur personnel a rejoué dans la salle de mon cerveau. Je me suis revu à cette époque en train de passer de longues heures à écouter de la musique dans le noir, à défaut d'en faire, ou à passer des nuits à jouer au Crib avec mes compagnons d'infortune. Des gens qui, bien souvent, ne me connaissaient pas comme artiste. Des gars que j'avais rencontrés dans des *blind pigs*[2], des cours arrière de Villeray, de Rosemont, de Rivière-des-Prairies, de Montréal-Nord. Des individus qui vivaient la plupart du temps une vie imaginaire et racontaient comment ils allaient écrire le livre qui les rendrait célèbres, tourner le film de la décennie ou composer la chanson du siècle !

Moi qui étais vraiment dans ce métier et avais eu la chance d'en vivre, voilà que je perdais tout. En y repensant, je me rends compte que le texte de la chanson m'a immédiatement interpellé, car il me rappelait ces gars qui ont accompagné mon voyage au bout de l'enfer, ces nuits de désespérance, ces matins où je rentrais chez moi tandis que d'autres s'en vont travailler, ces chants d'oiseaux qui devenaient une torture, ce soleil qui se dressait comme un ennemi et, surtout, ces yeux désespérés des enfants qui se vendaient au coin des rues pour combler leur manque de drogue, leur manque d'amour.

---

1. Voir le chapitre 4 : Dans ta robe blanche.
2. Débits de boisson clandestins, cabarets malfamés,

C'est à eux, à tous ces fantômes de la nuit, que je pense encore lorsque je chante : « Si jamais la Terre est vraiment ronde, je reviendrai pour vous chercher. »

Comme le disait le philosophe allemand Friedrich Nietzsche : « Ce qui ne nous tue pas nous rend plus fort. » Cette épreuve m'a permis de devenir l'homme que je suis aujourd'hui, mais il me fallait en sortir. J'espère qu'il en sera de même pour tous ceux qui sont encore sous l'emprise de ces démons. Que Dieu les garde.

Chapitre 7

Chanson : *Le Chasseur*

Thème : *Mon père*

Titre de la chanson : *Le Chasseur*

Paroles : Alain Jodoin et Paul Daraîche

musique : Alain Jodoin et Paul Daraîche

Année : 2012

Album : *Mes amours, mes amis*

Voici le code intelligent QR pour vous permettre de commander cette chanson sur l'album disponible sur iTunes. Grâce à votre tablette ou votre téléphone intelligent, vous pouvez vous procurer un lecteur QR qui vous amènera directement au fichier audio de la chanson sur iTunes. Vous pouvez aussi vous procurer la chanson directement sur iTunes.

Le Chasseur

Me promenant sur le tard
Le long d'un bois à l'écart
Cherchant des pékans et perdrix
Dans ce bois joli

Tout en traversant le ruisseau
J'en ai visé une
Je tenais mon fusil bandé
Tout prêt à la tirer

J'entends la voix de mon chien
Du chasseur c'est le vrai soutien
J'avançais, je criais tout haut
À travers le ruisseau

En vous voyant
Ma belle enfant assis souillette
Je vous serai d'un grand soutien
Je vous ferai du bien

« Assurez-moi, je vous en prie
Oui car de peur je suis saisie
Je me suis laissée ennuiter
Je me suis égarée

« Allons, montrez-moi le chemin de mon beau village
Car sans vous mon bon monsieur
Je mourrai sur les lieux »

Ma belle, oh, donnez-moi la main
Votre chemin, il n'est pas loin
Je peux vous rendre ce plaisir
J'en ai le loisir

Mais avant de nous quitter, charmante mignonne
Permettez-moi si vous voulez
De prendre un doux baiser
Permettez-moi si vous voulez
De prendre un doux baiser

Le Chasseur

Je me rends compte aujourd'hui que mon père était le Fred Pellerin[1] de son époque. Il inventait des contes et savait comment captiver un auditoire. Pendant mon enfance en Gaspésie, au début des années 1950, nous étions une des rares familles qui possédaient un appareil radiophonique, lequel, bien sûr, fonctionnait avec des piles puisqu'il n'y avait pas d'électricité dans notre patelin.

Cette radio, qui nous reliait au monde, permettait à quelques personnes de venir officiellement à la maison pour écouter des romans-feuilletons, la retransmission des matchs de hockey ou le chapelet. Mais en réalité, je soupçonne que ces gens venaient surtout écouter mon père, car une fois lesdites émissions terminées, c'est lui qui prenait le relais avec des contes de son cru qui duraient généralement une semaine !

J'ignore où il puisait ses histoires incroyables, mais je me souviens que nous, les plus jeunes, nous étions souvent en proie à la peur tant il savait bien manier l'art du récit fantastique. Très fréquemment, il ponctuait ses histoires de mots très rares, extraits du vieux français. Ce qui nous fascinait et nous

1. Fred Pellerin est un conteur, écrivain, scénariste et chanteur québécois qui parle beaucoup dans ses œuvres des habitants de son village de Saint-Élie-de-Caxton, dans la région de la Mauricie.

interpellait quant au sens de ces mots-là. Souvent, ces histoires avaient pour toile de fond des « parties de chasse ».

Je me rappelle notamment un épisode mettant en scène un chasseur qui rencontrait par hasard une jeune femme égarée dans le bois. C'est en me remémorant cet événement que j'ai trouvé l'inspiration pour écrire ma chanson *Le Chasseur*.

La première fois que je l'ai enregistrée, il y a une quarantaine d'années, c'est mon chum Georges Thurston, alias Boule Noire, qui jouait de la batterie ! Daniel Valois de la formation Les Sinners (plus tard, du duo Valois-Jodoin) grattait la guitare, tandis que j'étais au piano. Évidemment, j'avais glissé dans le texte certains mots rares comme d'autres posent des perles sur une couronne. Mon père avait dit, et je ne l'avais jamais oublié, que la jeune fille était « assis souillette ». Ce qui signifiait, qu'elle était assise dans la vase et souillée de celle-ci. De son côté, le chasseur s'était laissé « ennuiter ». Je trouvais magnifiquement puissante cette image qui, en un seul mot, voulait dire « se laisser prendre par la nuit ».

C'est donc ce qui arrive au personnage de ma chanson, qui est directement associé aux contes de mon père. Lui qui, gesticulant au milieu de la pièce et adressant des regards à tous, savait par instinct et sens inné du récit comment garder son public en haleine !

Direct et franc comme le sont encore les Gaspésiens, il ne prenait pas de gants blancs pour annoncer, après trois heures de soliloque fantastique, la fin d'un épisode par un retentissant : « O. K., c'est fini pour aujourd'hui ! Retournez-vous-en chez vous ! Vous reviendrez demain ! »

Mon oncle Georges, le père de mon cousin Gilles qui a écrit les paroles de la chanson *Le Vieux Gaspésien,* était aussi un excellent conteur. Mon père et lui n'avaient pourtant pas beaucoup lu ni été très longtemps à l'école, mais ils parvenaient à nous captiver pendant toute une semaine avec une même histoire. Ce qui nous permettait de passer le temps de la plus agréable des façons lors des longues et dures soirées des hivers mordants dans ce coin de pays éloigné du reste du monde.

Mon père aime... Guilda

Mon père n'était pas très grand de taille mais, comme on dit en bon québécois, il « en avait dedans ». Il était aussi très « malin », dans le sens qu'il pouvait facilement se fâcher. Puisqu'il était susceptible, nous nous amusions souvent avec mes frères à le faire « damner » et grincer des dents. En ce temps d'extrême pauvreté où il n'y avait ni coiffeur, ni soins pour les dents, ni vêtements coquets, mon père n'avait jamais vraiment vu une femme belle et sexy. Or, lorsque nous nous sommes installés à Montréal, Guilda arrivait de France avec sa fameuse revue de femmes célèbres qu'il présentait au Casino de Paris. Un cabaret couru jadis.

Mon père est donc allé voir Guilda, qui était aussi belle que Marilyn Monroe à l'époque, sans parler des magnifiques « girls » qui l'accompagnaient. Même s'il trouvait que ma mère était la plus belle femme du monde, mon géniteur était en quelque sorte tombé en amour avec Guilda ! L'ennui pour lui, c'est que seuls mon frère Tonio et moi, nous savions pertinemment que sous le personnage d'une femme magnifique se cachait... un homme. Nous avions beau lui dire : « P'pa, Guilda, c'est un travesti ! C'est un homme ! » Il nous répondait invariablement : « Commencez pas à m'écœurer vous autres, tabarnak ! » Nous l'avons tellement fait grimper aux rideaux qu'il en a cassé sa prothèse dentaire à force de grincer des dents. « Vous voyez ce que vous me faites faire ! », puis prenant son dentier, il nous l'a lancé de toutes ses forces et il a atterri directement... dans le sucrier !

De sa prothèse dentaire, je garde un autre souvenir cocasse. Alors que nous étions un dimanche à l'église de notre quartier à Montréal, mon père alla communier, mais l'hostie resta collée à son palais. En remontant l'allée vers son banc, il gesticula des mâchoires pour tenter de la déloger avec sa langue, mais rien n'y faisait, jusqu'à ce que soudainement sa prothèse s'échappe de sa bouche et tombe par terre! Il se mit à courir pour la récupérer, mais un autre paroissien donna involontairement un coup de pied dans ses précieuses dents, les propulsant plus loin encore. Quand il récupéra finalement son précieux objet enrobé de poussière, il l'inséra rapidement dans sa bouche, comme si personne ne le voyait. Évidemment, nous, les enfants, observions la scène pliés en deux de rire, malgré le décorum austère que prescrivait l'endroit (*rires*). Une fois de plus, involontairement, mon père nous projetait dans une scène de film digne des comédies de Fernandel.

Avec mes frères, nous avions aussi préparé un bon coup qui nous est en fait retombé dessus. Nous avions laissé dépasser le coin d'un billet de 20 $ dans un portefeuille, posé sur le trottoir et relié au fil d'une canne à pêche. Pendant que nous nous activions, un quidam passa à ce moment-là, qui n'était autre que... notre père! Évidemment, il vit le billet coincé dans le portefeuille que nous faisions avancer en tirant à l'aide de la canne à pêche. Lorsqu'il s'aperçut de sa méprise, après avoir couru derrière un portefeuille qui avançait tout seul, il releva la tête et, me voyant, s'écria : « Attendez que je vous poigne, mes petits criss! » Même s'il n'y avait que moi ou un autre de mes frères, mon père nous parlait toujours au pluriel.

Cela me rappelle qu'avec Tonio, nous lui avons joué un autre coup pendable. Notre paternel était extrêmement fier de sa voiture, une Pontiac 1956 bleu pâle et blanc, garnie de tapis de Turquie rose. Chaque samedi, tel un rituel, il la bichonnait pendant des heures, les quatre portes grandes ouvertes. Notre voisine du dessous, Mme Bilodeau, une respectable dame d'âge mûr, avait un chihuahua qui jappait tout le temps et que tout le monde détestait dans le quartier. Un jour, pour faire une blague, Tonio et moi sommes allés acheter une imitation d'excréments en plastique dans une boutique de farces et attrapes, puis nous nous sommes cachés derrière la clôture en face de l'endroit où notre père dorlotait sa rutilante Pontiac. Pendant qu'il chantait, parti dans son trip, nous avons posé le faux « tas de marde » sur le plancher arrière de l'auto, puis nous avons regagné notre cachette.

Soudain, il aperçut l'objet disgracieux et lâcha un retentissant : « Tabarnak ! », tandis que Mme Bilodeau s'éloignait sur le trottoir avec son chien en laisse. Bien qu'il fut impossible qu'un aussi petit chien expulse de si gros étrons, nous avons craint que Mme Bilodeau et son satané chihuahua ne rebroussent chemin, car notre père les aurait copieusement injuriés, tant il les détestait (*rires*). Puis, voyant un paquet de cigarettes vide qui traînait sur le trottoir, il alla le chercher pour faire une pelle avec le carton afin de déloger l'intrus du plancher arrière. C'est alors qu'il se rendit compte qu'il s'agissait d'une imitation en plastique : « Ah ! ben, mes p'tits tabarnaks ! », s'exclama-t-il en relevant la tête pour nous chercher, sachant pertinemment que le coup était signé (*rires*).

Militant libéral

Parlant de coup. Il aimait parfois en prendre un petit avec des amis. Or, lorsque nous vivions en Gaspésie, les politiciens et les curés n'hésitaient pas à marteler que le ciel était bleu, et l'enfer rouge, pour inciter les électeurs à voter « du bon bord ». C'est-à-dire pour les conservateurs (bleus), plutôt que pour les libéraux (rouges). Mon père n'a jamais suivi le mot d'ordre et militait activement pour le Parti libéral du Québec. Pendant les périodes électorales, c'était comme au temps d'Al Capone aux États-Unis. Il n'était pas rare de voir arriver dans les villages un camion bleu, où s'entassaient une vingtaine de gars munis de *battes* de baseball, et un autre, rouge celui-là, qui comptait à peu près le même nombre de partisans du camp adverse, dont l'objectif était bien sûr d'en venir aux mains ! Afin de s'assurer la faveur du plus grand nombre d'électeurs possible, le Parti libéral ainsi que les conservateurs faisaient livrer des caisses de « boisson forte » aux leaders locaux, ces derniers invitaient ensuite certains électeurs au plaisir de la dive bouteille, histoire de les pousser ainsi à aller mettre leur « X » à côté du nom du bon candidat.

La boisson en question était du whisky en esprit (ce qui veut dire pur à 98 %), venu de Saint-Pierre-et-Miquelon. C'est-à-dire du même endroit où le célèbre Al Capone s'approvisionnait pendant la prohibition aux États-Unis. J'ai d'ailleurs déjà chanté et dormi dans l'hôtel qu'il fréquenta. On y conservait certains objets personnels lui ayant appartenu, comme son chapeau et sa canne.

Mon père possédait une très grande cuve en acier galvanisé dans laquelle il « coupait » le whisky : en ajoutant de l'eau pure à 40 gallons d'alcool distillé, il fabriquait 200 gallons de whisky. Une fois son travail terminé, il enfouissait les gallons de whisky vides dans un grand trou qu'il avait creusé en arrière de la grange. Un jour, la police provinciale (aujourd'hui, la Sûreté du Québec) débarqua à Saint-François-de-Pabos (fusionné à Chandler, en 2001), ce qui fit sensation dans le village, car cela ne se produisait pour ainsi dire jamais ; les représentants de l'ordre préférant nous laisser régler nos différends entre nous.

Lorsque nous avons aperçu la voiture, tout le monde mit son nez à la fenêtre afin de voir où elle se dirigeait. C'était chez nous ! « Toc, toc, toc » et notre mère ouvrit la porte. « Il semblerait que votre mari fait de la contrebande de boisson en rapport avec les élections ? », lui demanda un des policiers. « Oui », répondit-elle plus catholique que le pape, tout en leur montrant l'endroit où les bidons d'alcool étaient cachés. Les policiers repartirent avec mon père, les mains menottées dans le dos ! Je peux vous assurer que c'est impressionnant de voir quelqu'un du village, mon père en l'occurrence, partir ainsi. Bien que l'alcool ne soit pas prohibé à cette époque au Québec, il était toutefois interdit d'en distribuer d'une teneur aussi pure et, plus encore, à des fins électoralistes.

Nous étions à la fois excités et un peu fiers de voir notre papa partir, tel un grand gangster. C'était quelque chose de superbement rebelle, mais en même temps, nous savions que le délit était mineur et que les conséquences ne seraient pas dramatiques. Il est d'ailleurs revenu quelques heures plus tard, sous promesse de comparution. Bien qu'il ait été ce qu'on appelle aujourd'hui un « militant », mon père ne parlait jamais de politique. Ce qui était un des codes sociaux de cet air du temps, où les esprits s'échauffaient rapidement et où les hommes pouvaient en venir aux coups, pour un oui ou pour un non.

Cela étant dit, je crois que le Québec n'a absolument aucun rapport avec le reste du Canada. Nous sommes vraiment très différents. Les gens ne voyagent pas assez dans le reste du Canada pour le comprendre. J'ai souvent parcouru le pays et, encore aujourd'hui, on nous crache dessus et on nous traite de *fuckin' frog*. Il est faux de dire que le Canada est bilingue. On exige des Québécois qu'ils le soient, mais pas des anglophones. Ce pays repose sur une imposture. Quand j'étais jeune, on faisait peur aux aînés en leur disant qu'ils allaient perdre leur pension de vieillesse et c'est encore le cas aujourd'hui, ce qui est complètement absurde. Il est évident que si le Québec était pleinement un pays, les pensions de vieillesse existeraient toujours, puisque c'est l'argent qu'on envoie à Ottawa qui nous est retourné au moyen de ces chèques… Nous n'aurions qu'à garder notre « butin », comme disait Duplessis, et à le redistribuer nous-mêmes !

Mon père, d'aussi loin que je me souvienne, a toujours été mon héros. Mes plus beaux souvenirs de lui, c'est lorsqu'il chantait. Sa grosse voix *rough* n'était pas toujours juste, mais le cœur y était. Petit, il me chantait des chansons du répertoire français pour m'endormir, dont la fameuse *Sentinelles* que j'ai d'ailleurs enregistrée bien des années plus tard. Mario (Pelchat), mon producteur, qui adore cette pièce, m'exhorte d'ailleurs à la refaire. Ce qui serait une bonne idée, puisqu'à chaque fois que je l'entends ou que je la chante, comme c'est le cas avec *Le Chasseur*, je revois mentalement mon bien-aimé papa. Cet homme travaillant, qui s'est donné corps et âme pour ses enfants sans jamais penser à lui. Bien sûr, il était de la génération qui ne disait jamais «je t'aime», mais il nous le montrait tellement. Je crois que la plus belle valeur qu'il m'ait transmise est le sens de la famille.

Être un père

Comme il l'avait fait avant moi, j'ai aussi tout donné à ma famille et je ne travaille que pour elle. Je ne m'offre pas trop de choses luxueuses et je ne suis pas du genre extravagant. Comme mon père qui parlait fort sans être sévère, mes enfants se mettaient à rire lorsque je me fâchais et aucun n'a jamais eu peur de moi.

Il faut dire que je n'ai jamais prêché par l'exemple. Et si ma femme Johanne n'a pas beaucoup d'autorité, elle non plus, ils la prennent bien plus au sérieux que moi. J'ai trois gars et deux filles, et mon plus grand regret est de ne pas avoir pu gâter davantage les enfants de ma première union. J'essaie donc d'y remédier et de me reprendre à l'occasion. Pour ce faire, j'ai déjà invité tous les membres de ma famille immédiate avec leurs conjoints en Jamaïque et j'envisage, cette année, de me rendre à mes frais avec Johanne et mes enfants à Varadero (Cuba), mon endroit de prédilection en hiver depuis six ans. Cela dit, même si je n'ai aucune autorité, je crois, en toute modestie, être un très bon père.

On me demande parfois comment j'ai réagi lorsque mes filles eurent leurs premiers petits copains. Dans le cas de Katia, qui est malvoyante, son premier chum était son ami d'enfance avec qui elle a grandi à l'Institut Nazareth et Louis-Braille, à Longueuil. C'est un garçon exquis, sans aucune once de « malice », et elle a eu un enfant avec lui. C'est Émilie que j'ai dû surveiller davantage (*rires*). Mais c'est une petite vite comme moi (*rires*). Elle a tant parcouru la route des spectacles et a vu tellement de gens « spéciaux » (lire de gentils *bums*) graviter autour de nous, qu'elle connaît très bien certaines facettes de la nature humaine. Je crois qu'il n'y a pas un garçon qui pourrait la « niaiser » (*rires*).

Quant à mon fils Dan, qui est aussi le batteur de notre groupe, c'est un autodidacte comme moi. Lorsque je veux lui montrer quelque chose, il n'en a rien à cirer (*rires*). C'est un esprit indépendant. Mais sans qu'il le sache, uniquement en me côtoyant, je lui ai transmis beaucoup de mon savoir musical. La grande différence, c'est que contrairement à moi, il a appris à jouer avec les meilleurs instruments au monde, alors que j'ai commencé avec un « 2 X 4 », soit une guitare bas de gamme.

Je n'espérais pas que mes enfants adoptent mon métier, car c'est une voie très difficile. Je craignais qu'ils passent par les mêmes épreuves que celles que j'ai dû franchir. Mais, heureusement pour eux, le monde musical est aujourd'hui différent. J'ai souvent travaillé les fesses serrées et vécu dans la peur. Lorsque tu joues à un endroit et que tu repars le lendemain, ça va, mais si tu es en résidence pour un mois, ce n'est pas toujours évident. On jouait un soir et on revoyait souvent les mêmes spectateurs le lendemain. Parmi eux, quelques-uns voulaient nous étriper parce que leurs blondes *trippaient* sur nous !

Souvent, les femmes qui nous approchaient sortaient avec les *toffs* de la place, mais elles s'en foutaient éperdument.

À plusieurs reprises, mon grand chum Roméo Pérusse m'a sauvé la mise. C'était un dangereux celui-là! Je l'entends encore dire: «Heille, les p'tits gars!» Très souvent, il était le maître de cérémonie dans les bars de deuxième ou de troisième zone, comme le Mocambo ou le Rainbow où je me produisais également. Il racontait des histoires, dont celle de la prière pour les soldats. Un truc qu'il avait inventé pendant qu'il était à la guerre pour donner du courage aux gars dans les tranchées. Eux qui ne possédaient à peu près rien, sinon un jeu de cartes. Il avait composé une prière avec chaque carte du jeu. Il a refait ce numéro sur disque et dans ses spectacles.

Si la plupart des spectateurs l'écoutaient passionnément pendant ce segment, certains plus éméchés étaient parfois turbulents. Dans ces cas-là, il posait son micro sur le trépied et disait: «Il n'y a pas de *doorman*, icitte? M'a y aller moué, tabarnak!» Et il sortait les gars par le fond de leur culotte. Roméo n'avait peur de personne et il était très proche du milieu interlope, notamment la mafia. De toute façon, à cette époque, nous travaillions tous pour la mafia qui possédait la plupart des bars, comme le Café de l'Est ou le Café du Nord où nous nous produisions, mais lui, il était copain avec les patrons.

Je me souviens en particulier d'une scène au bar Des Forges, qui était situé sur le boulevard du même nom à Trois-Rivières. Les bandits de la ville y avaient leurs habitudes et leurs blondes s'étaient entichées des membres de notre groupe. Ce qui risquait de nous valoir de sérieuses représailles. Roméo travaillait au bar d'en face, le Rio. Il est venu à notre secours lorsqu'il a appris que le vent devenait de plus en plus mauvais pour nous: «Inquiétez-vous pas, les p'tits gars, j'vas arranger ça!» et effectivement, ça a déboulé très rapidement et les gars sont repartis avec leurs *guns*.

On a passé proche d'y laisser notre peau à plusieurs reprises en province, mais une bonne étoile veillait sur nous.

Je crois que c'est encore le cas aujourd'hui, mais ne le dites à personne, je ne voudrais pas attirer le mauvais sort. On ne sait jamais à quel moment on peut se faire ennuiter.

CHAPITRE 8

CHANSON : *Six heures moins quart*

THÈME : *La job*

Titre de la chanson : *Six heures moins quart*

Paroles : Yvon Pierre Vaillancourt (alias François Vaillant) et Paul Daraîche

musique : Yvon Pierre Vaillancourt et Paul Daraîche

Année : 2012

Album : *Mes amours, mes amis*

Voici le code intelligent QR pour vous permettre de commander cette chanson sur l'album disponible sur iTunes. Grâce à votre tablette ou votre téléphone intelligent, vous pouvez vous procurer un lecteur QR qui vous amènera directement au fichier audio de la chanson sur iTunes. Vous pouvez aussi vous procurer la chanson directement sur iTunes.

Six heures moins quart

Six heures moins quart le père s'en va
Ça fait trente-deux ans qui fait ça
Y'é ben tanné de se faire mourir
Y'a même plus l'espoir d's'en sortir
Chauffer un taxi c'est pas une vie
Chauffer un truck c'est pas une luck
Une chance que sa femme le comprend
L'artiste qui se tient caché en dedans

Six heures et demie la mère se lève
Ça fait trente-deux ans qu'elle se crève
À vouloir tenir sa maison
Elle en a perdu ses passions
Femme de ménage c'est pas une vie
De l'esclavage c'est pas une luck
Une chance que son mari comprend
L'artiste qui se tient caché en dedans

Lui dans son cœur
C'est un grand musicien
Un artiste de talent
Une sorte de Gilles Vigneault
ou de Charlebois
Elle dans son cœur
C'est une grande comédienne

Une artiste de scène
Comme il ne s'en fait plus
Comme on n'en voit plus

Six heures et d'mie, la mère soupire
Elle demande au ciel d'la bénir
Pour qu'il lui accorde la Grâce
De ne pas fléchir à sa tâche
Pour pouvoir élever ses enfants
Elle donne son âme et son temps
Elle sait que son mari comprend
L'artiste qui s'tient caché en d'dans

Six heures moins quart

À la fin de l'été 2012, lorsque Patrick (Norman) est arrivé au studio pour enregistrer *Six heures moins quart*, nous avons pris nos guitares et avec un petit *beat* de batterie en arrière-plan qui marquait le rythme, nous avons commencé à interpréter la chanson. Il faut dire que Pat la connaissait bien, puisqu'elle fait aussi partie de son répertoire. Au deuxième couplet, la basse a embarqué. Dans notre esprit, nous « pratiquions », histoire de nous réchauffer avant l'enregistrement proprement dit. Mais Éloi Painchaud, le réalisateur de *Mes amours, mes amis*, qui est un fin renard, nous a enregistrés en catimini. Résultat ? Comme la prise de son était excellente, nous avons décidé de la garder et la version gravée sur l'album est celle que nous avons jouée pour nous mettre en train ! On entend donc la version vraiment *live* sans aucune reprise. Cette chanson m'a été offerte par mon ami François Vaillant.

À l'époque, c'est le comédien Steve Banner (*Les Fous de Bassan, Le dernier tunnel*, etc.), un fan qui suit ma carrière depuis très longtemps, qui nous a mis en contact. Puisqu'il connaissait bien le talent d'auteur-compositeur de François Vaillant, il s'était dit : *Il faut que je devienne un jour ami avec Paul afin de les mettre tous les deux en relation. Il pourrait en résulter des chansons extraordinaires.* Joignant le geste à la pensée, il est passé par un des musiciens qui m'accompagnaient en ce temps-là et ce dernier a établi le lien.

De jeunesse à aujourd'hui

Lorsque j'ai rencontré François pour la première fois, son visage me semblait familier et plus je l'observais, plus j'avais l'impression de l'avoir déjà vu. C'est lorsqu'il a commencé à jouer *C'est aujourd'hui*, un vieux succès de 1973, que j'ai compris qu'il s'agissait du même garçon qui, dans les années 1970, partageait parfois avec moi le plateau de la célèbre émission de télévision *Jeunesse d'aujourd'hui* ! J'ai fêté nos retrouvailles par un retentissant : « Tabarnak ! Je me rappelle de toi, mon homme ! »

À l'époque, François s'exprimait à la française et comme il était très timide, il ne parlait presque à personne, tandis que nous ne lui adressions guère davantage la parole, croyant qu'il était snob et seulement de passage parmi nous. Qui plus est, il était le premier compositeur à créer ses propres morceaux, alors que nous traduisions les succès anglo-saxons du moment.

En fait, dès notre première rencontre, 25 ans plus tôt, il m'avait fait capoter tellement je le trouvais drôle et, ce qui ne gâche rien, je suis rapidement tombé en amour avec ses fragments de chansons. Je dis « fragments », parce qu'il écrivait généralement des chansons inachevées, mais on sentait très souvent qu'il mettait le doigt sur quelque chose de fort. Je lui ai dit : « François, tu fais rien que des *bouttes de tounes*, mais quels *osties d'bouttes* ! On va mettre de l'ordre là-dedans et je vais t'aider à les compléter. » Au total, nous avons rapidement terminé 30 chansons que nous avons proposées à d'autres artistes.

Du temps de *Jeunesse d'aujourd'hui*, François écrivait souvent des « hits » qui se vendaient à plus de 100 000 exemplaires. Aujourd'hui, il est devenu un concierge d'immeuble marginal qui carbure à la marie-jeanne et aux vapeurs éthyliques. Je l'ai d'ailleurs contacté récemment et nous travaillerons ensemble pour mon prochain album.

La pièce *Six heures moins quart*, dont il a écrit en grande partie les paroles et la musique, parle de son père et de sa mère. Le premier a consacré 45 ans de sa vie à se lever à 6 heures tous les jours pour conduire son taxi, tandis que sa mère a mis tous ses rêves artistiques en berne pour se vouer uniquement à sa famille. Johanne et moi adorons François, ce vieux concierge d'immeuble, drôle comme un Louis de Funès, et nous allons encore passer d'excellents moments ensemble tous les trois. Nous avons réalisé de très belles choses dans le passé, dont la chanson *Rosalie* et d'autres que chante Patrick. Récemment, François m'a annoncé qu'il n'était plus prestataire de l'aide sociale, puisqu'ayant atteint 65 ans, il faisait désormais partie de la cohorte des... retraités ! (*Rires*).

Je me souviens qu'il me téléphonait parfois, car il avait peur de se retrouver en prison du fait qu'il percevait des redevances pour les chansons que nous avons écrites ensemble, en plus de recevoir des prestations du gouvernement provincial. Garçon attaché à ses souvenirs, il est parvenu à récupérer l'appartement qui l'a vu naître et où il avait grandi à Montréal-Nord.

Nous avons écrit plusieurs chansons pour Julie et Dani, et l'un des albums de Katia est presque exclusivement composé de chansons conçues par François. *Rosalie* et *Six heures moins quart* demeurent mes préférées. Dans les paroles de la seconde, il fait allusion à Gilles Vigneault et à Robert Charlebois, deux porte-drapeaux de la chanson québécoise que je n'ai jamais rencontrés à ce jour. Un rendez-vous a toutefois été pris pour bientôt avec le grand Gilles et j'en profiterai alors pour l'informer (ou lui rappeler) que ma sœur Julie et moi avons déjà enregistré son classique *J'ai pour toi un lac,* après l'avoir « countrysé », tout comme nous l'avons fait pour *Tirelou* de Félix Leclerc.

Même si je connaissais assez bien l'œuvre de Félix, j'ai entendu cette pièce pour la première fois interprétée par un duo gaspésien. J'étais avec Julie, qui m'a suggéré de la reprendre ensemble. Nous l'avons donc enregistrée, mais... en majeur, mais en écoutant ensuite la version originale, je me suis aperçu qu'elle était en mode mineur ! Je crois que si Félix avait été vivant, il aurait trouvé cela incroyable, pour la bonne raison qu'en musique, il y a un monde entre le mineur et le majeur, chacun ayant le sien. Quand j'ai compris que la pièce originale était en mineur, je n'en suis pas revenu, ça m'a littéralement assommé.

Je crois que nous avons aussi interprété une autre chanson de Vigneault, *Jack Monoloy*, mais je n'en suis pas certain. Avec plus de 100 albums au nom de la famille, donc plus de 1000 chansons à notre actif, je ne peux me souvenir de toutes celles que nous avons *endisquées*. Ce qui me conduit à aborder une question qui m'est souvent posée par les représentants des médias : en quoi consiste notre fameux « modèle d'affaires » ?

Une industrie de remplacement

La centaine d'albums que nous avons enregistrés ainsi que toutes nos bandes sonores appartiennent à la famille Daraîche. Dans la communauté de la musique country, comme il n'y avait pas de moyens, pas d'*establishment*, d'ordre établi ni de structure, nous n'avions guère le choix que de développer nos propres compétences d'entrepreneur. Il nous fallait trouver des studios, les réserver, dénicher des arrangeurs, des musiciens, des auteurs-compositeurs, mais aussi nous initier aux techniques de pressage puis de distribution des disques. Toutes ces choses semblent évidentes pour les personnes qui travaillent dans le milieu de la pop, mais pour nous qui n'avions pas de producteur, tout était à apprendre, voire à inventer.

J'ai présenté souvent des demandes de subventions, mais on m'a toujours fermé la porte au nez. Pour ceux qui déliaient les cordons de la bourse, le country n'était pas de la « vraie musique », mais de l'artisanat. La dernière fois que j'ai sollicité un financement, j'étais dans la jeune quarantaine et je suis parti avant même que mon interlocuteur n'ait terminé l'habituel discours de refus que l'on me servait tout le temps. J'avais beau dire que le jazz ou le hip-hop bénéficiaient de diverses contributions publiques et que nous avions déjà vendu plus de 1,5 million d'albums en carrière, rien n'y faisait ! Refus catégorique.

Le racket des racks

Parmi nos stratégies, nous avons intégré des produits dérivés à nos spectacles et lancé de nombreux disques afin de rester au sommet de notre art et d'être ainsi très demandés dans les festivals. C'est en allant assister, à la Place des Arts, au spectacle d'un célèbre artiste country (j'ai oublié de qui il s'agissait) que j'ai eu l'idée de faire la même chose pour Julie et moi. À un moment donné, nous proposions 18 produits dérivés à notre effigie, qui se vendaient comme des petits pains chauds. C'était de la folie, au point que je fus obligé d'en ajouter un : les affiches qui servaient à faire la promotion des spectacles de ville en ville !

Je crois que j'aurais pu vendre mes plectres (pics) de guitare cassés (*rires*) ! Encore aujourd'hui, je suis le seul qui fournit autant de produits à ses fans. Ça va des verres à vin aux plaques d'immatriculation, en passant par les jeux de cartes et les incontournables *gaminets* (tee-shirts).

Il va de soi que, chaque fois que nous débarquions dans une ville pour aller y donner un spectacle, nous allions nous informer de la présence de nos disques dans les magasins. Parfois, nous en trouvions, d'autres fois, non, preuve que notre distribution avait un côté « broche à foin », comme on dit. C'est durant ces tournées, vers le milieu des années 1980, que Julie proposa de « mettre en place un système de *racks*, comme Gaétan Richard », faisant allusion à ce producteur qui possédait près de 5000 présentoirs qu'il louait aux commerçants dans tout le Canada francophone. Il les remplissait avec des cassettes 4 pistes et 8 pistes d'artistes plus ou moins sérieux ou professionnels, qu'il vendait par 3 pour 5 $. Ces supports de vente étaient présents partout, autant dans les grandes surfaces que dans les garages ou les dépanneurs. Évidemment, pour fabriquer sa camelote, il utilisait des chansons d'artistes établis sur la scène country.

De notre côté, compte tenu du nombre de disques à notre actif, nous avions de quoi remplir nos propres présentoirs uniquement avec les créations de la famille Daraîche. En plus de nos albums, qui réunissaient les quatre membres de la famille chantante, il y avait aussi les albums en solo, en duo et en trio. À cette époque, nous devions en proposer une bonne soixantaine. Nous avons alors acheté des camions et engagé des chauffeurs-livreurs qui distribuaient les présentoirs, les remplissaient puis les réapprovisionnaient de nos disques. Ce sont ces mêmes chauffeurs qui ramassaient les recettes dans nos 350 points de vente. C'est Claude Lessard, l'ancien mari de Julie, aujourd'hui décédé, qui géra toute notre distribution, après avoir débuté comme chauffeur.

Pour commencer dans ce genre d'entreprise, il fallait avoir des « couilles », comme on dit. Je ne sais pas d'où vient ce sens de l'entrepreneuriat, mais mon frère Tonio, ma sœur Julie et moi avons tous été aussi propriétaires de bars. C'est peut-être le simple fait d'avoir vu tant de personnes se remplir les poches grâce à notre nom qui nous a incités à nous lancer en affaires.

Je me souviens toujours de cette anecdote qui implique le chanteur Claude Dubois et qu'il a quelquefois racontée. Rentrant tard chez lui à la fin d'un spectacle, sa vieille « minoune » tombe en panne, l'obligeant à se garer sur l'accotement. Soudain, une rutilante Mercedes passe en trombe devant lui sans même s'arrêter pour savoir s'il avait besoin d'aide. Or, le conducteur du bolide n'était autre que… son propre gérant ! C'est cet incident qui a convaincu Dubois de s'occuper lui-même de ses affaires.

Une autre rédemption

Le country et la pop sont deux mondes qui ne se rencontrent pour ainsi dire jamais, sauf dans les grandes surfaces commerciales. Puisque nous n'avions pas de « grosse machine » pour enregistrer puis distribuer nos albums, nous les confectionnions donc nous-mêmes et les vendions dans les festivals. Mais encore là, cela demeure restreint comme réseau de distribution. Lorsque j'ai quitté la maison de disques Bonanza, j'ai lancé deux nouvelles étiquettes : Les Productions GWC, pour le volet pop, et Appaloosa[1], pour le country.

Évidemment, la première vedette que nous avons invitée fut ma sœur Julie, qui avait dépassé les 200 000 ventes avec ses quatre premiers albums. Or, elle était réticente à accepter notre invitation, car le patron de Bonanza venait de lui proposer quelques centaines de milliers de dollars. Elle l'adorait, donc. Avec mon avocat, nous avons réussi à lui prouver qu'elle aurait dû obtenir bien davantage au regard de ses ventes d'albums. Rapidement convaincue, elle a rejoint notre équipe et, ensemble, nous avons réalisé les albums *Platine 1,* puis *Platine 2,* de ses plus grands succès. Il s'agissait en fait des albums qui avaient atteint la certification platine (plus de 100 000 exemplaires vendus à l'époque, la barre étant aujourd'hui fixée à 80 000), que nous avions réenregistrés avec de nouveaux arrangements.

1. Clin d'œil à cette race de cheval de selle originaire du nord-ouest des États-Unis.

À cette époque, l'un de mes fans, qui travaillait essentiellement aux États-Unis, m'a abordé tel un mécène venu du ciel : « Je suis un amoureux du country et j'ai de l'argent. Toi, tu n'en as pas, mais tu as du talent et tu connais tout le monde. Associons-nous. » Il m'a donc acheté des heures de studio et c'est ainsi que nous avons tenté de donner une chance à nombre de nouveaux artistes. Mais comme nous étions des débutants dans le circuit, la clique en place a eu peur de nous et personne ne nous a véritablement aidés à mettre en valeur nos produits artistiques ni fait tourner à la radio.

D'ailleurs, les chansons de Julie ne passaient jamais dans les radios dites commerciales ni les miennes non plus, sauf depuis que j'ai vendu 145 000 exemplaires de *Mes amours, mes amis*. Et, encore là, c'est diffusé tard en soirée lorsqu'il n'y a plus guère d'auditeurs. Comment expliquer que le public nous aime, mais que les radios ne nous fassent pas jouer ? C'est que le public country est *underground* mais fidèle. La preuve ? Y a-t-il au Québec un autre genre musical auquel se consacrent plus de 150 festivals ? Je crois que cela est attribuable au fait que les gens ont de moins en moins honte de dire qu'ils aiment le country.

Je suis aussi en mesure d'affirmer, en toute modestie, que j'ai largement contribué à faire le lien entre le monde de la pop et celui du country, certes en raison de mes succès sur le marché, mais aussi de ma grande disponibilité. Par exemple, après un spectacle, je ne quitte jamais le lieu où je me suis produit sans avoir honoré la dernière demande d'autographe et pris la dernière photo. De plus, le fait d'être désormais dans le circuit dit officiel me permet de me produire dans de nombreuses salles où le public possède des abonnements de saison.

Ce qui a pour effet que de nombreux amateurs de musique qui n'avaient jamais même pensé venir me voir ni écouter mes chansons assistent à mes shows et découvrent ce fascinant univers qu'est le « blues des Blancs », comme l'ont dit d'autres avant moi.

Certaines de ces personnes abonnées à des salles finissent par s'éprendre du country, au point qu'elles n'hésitent pas à se déguiser en cow-boys et en cow-girls pour se rendre à des festivals. Qu'on se le dise : le country n'est plus quétaine ! Même de prestigieux journalistes, comme Alain Brunet de *La Presse* ou Sylvain Cormier du *Devoir,* parlent aujourd'hui de moi et aiment mes albums ! Jamais je n'aurais cru cela possible, il y a 40 ou 50 ans. Si cela me faisait de la peine que les médias nous sous-estiment ? Pas vraiment, nous nous étions résignés à ce peu d'intérêt depuis longtemps, mais maintenant je suis là, et il faudra continuer à s'habituer à ma présence ! (*Rires*).

D'artiste country à pop star

Qu'on le veuille ou non, le fait d'atteindre de tels chiffres de vente (plus de 145 000 exemplaires de *Mes amours, mes amis*) change radicalement une carrière. Pendant neuf semaines, en 2012, mon disque resta au sommet des palmarès, dépassant même Céline !

Inutile de dire qu'à ce moment-là, j'étais sollicité de toutes parts : journaux, télé, magazines, événements caritatifs, téléthons, etc., puisque j'étais numéro un. On m'a même invité dans des endroits légendaires, comme le Patriote de Sainte-Agathe-des-Monts, sanctuaire des Vigneault, Léveillée, Leclerc, et autres chansonniers réputés.

Ma seule présence en ce lieu pouvait être vue selon certains comme un immense sacrilège. Le patron m'a d'ailleurs lancé à la blague : « Tu es le seul cow-boy qui entre icitte, toi ! » « Je le sais », lui ai-je répondu en souriant.

Je crois bien que j'ai franchi la zone invisible entre le statut d'artiste country plus ou moins marginal et celui d'artiste

« grand public » lorsque l'on m'a décerné un disque de platine, le 31 janvier 2013. Le grand manitou derrière tout cela n'est autre que Mario (Pelchat). Lors de la remise de ma récompense, j'avais dépassé de 12 000 albums le seuil fixé pour l'obtenir (80 000).

Moi qui fus boudé pendant près de cinq décennies par les médias, voilà que plus d'une centaine de leurs représentants étaient présents à la cérémonie ! Je riais dans ma barbe et leur faisais en quelque sorte un pied de nez. Je me plaisais à dire que je les ai eus à l'usure ! Puis, j'ai commencé à me produire dans les grandes salles, dont le Saint-Denis à Montréal avant d'enchaîner au Capitole de Québec !

Si j'avais près de 50 ans de carrière dans le corps, je n'avais jamais livré une série de représentations d'une telle envergure. Dans le country, nous montons nos spectacles en fonction du moment. Là, tout était écrit et prévu comme il se doit pour ce type de spectacle. Mais je n'avais pas confiance en mes moyens et, pour mes 10 premières prestations, Mario me guidait et me soufflait parfois des recommandations dans une oreillette.

C'est fou, quand on y pense, car le petit gars qui venait jadis demander des conseils à son idole soufflait maintenant ses interventions au vieux routier que je suis ! À 67 ans, je devenais un personnage très en vue. Cela me rappelle qu'au téléthon Opération Enfant Soleil 2016, le sympathique Nicola Ciccone s'est adressé à moi avec enthousiasme en y allant d'un : « Salut, Paul, je veux te connaître et que tu m'expliques comment toi, un gars sorti de nulle part, est devenu le plus grand vendeur au Québec ? »

Je lui ai répondu qu'en deux albums, j'avais récolté 50 années de labeur et de persistance partout au Québec et en Acadie. Comme dit le proverbe : *Aide-toi et le ciel t'aidera*. Sauf que l'on ne sait jamais combien de temps ça lui prendra…

CHAPITRE 9

CHANSON : *Showtime…*
THÈME : *Moments magiques*

Titre de la chanson : *Showtime*

Paroles : Paul Daraîche

musique : Paul Daraîche

Année : 2015

Album : *Laisse-moi te dire*

Voici le code intelligent QR pour vous permettre de commander cette chanson sur l'album disponible sur iTunes. Grâce à votre tablette ou votre téléphone intelligent, vous pouvez vous procurer un lecteur QR qui vous amènera directement au fichier audio de la chanson sur iTunes. Vous pouvez aussi vous procurer la chanson directement sur iTunes.

Malheureusement, pour des raisons légales, nous ne pouvons transcrire les paroles de cette chanson. Par contre, celles-ci sont disponibles habituellement dans le boîtier de l'album en référence. Nous sommes désolés de cet inconvénient et nous vous remercions de votre compréhension.

Showtime

Après une cinquantaine d'années de showbiz, je me considère comme extrêmement privilégié d'avoir eu la chance de chanter en duo avec plus d'une trentaine d'artistes de haut vol au cours des dernières années, dont quelques-uns figurent parmi mes idoles depuis longtemps. Qui plus est, c'était pour interpréter des pièces de mon propre répertoire. Non seulement il s'agissait d'artistes de renom, mais certains d'entre eux étaient aussi de bien meilleurs auteurs que moi ; ce qui me touche encore davantage.

Dans cette optique, Mario Pelchat et moi avons dressé la liste des artistes que nous souhaitions convier et nous avons trouvé la chanson de mon répertoire (généralement) qui conviendrait le mieux au style et à la personnalité de chacun. Puis, Mario a déclenché l'envoi d'invitations et les réponses furent particulièrement positives. Ne restait plus alors qu'à vivre des moments magiques qui se retrouveraient cristallisés dans l'album *Mes amours, mes amis,* sorti le 11 septembre 2012, et dont l'enregistrement commença quelques mois plus tôt, ou encore dans le recueil *Ces Noëls d'autrefois*, publié en novembre 2013 ou aussi *Laisse-moi te dire*, sorti en octobre 2015.

Processus

Après avoir enregistré les pistes musicales des deux albums dans le studio de chacun de leur réalisateur – Éloi Painchaud pour *Mes amours, mes amis* et *Ces Noëls d'autrefois*, et Hugo Perreault pour *Laisse-moi te dire* –, nous nous sommes transportés chez Planet Studios, à Montréal, pour ajouter les voix.

Parmi les 30 artistes qui m'ont gratifié de leur participation à l'un de ces albums, certains m'ont davantage marqué pour des raisons de *timing* ou simplement parce que des choses cocasses, drôles ou très émouvantes sont survenues avec eux.

En voici quelques fragments.

Hugues Aufray

Fin de l'été 2013, enregistrement de *Mes amours, mes amis*. J'étais très impressionné de chanter avec Hugues, l'une des plus grandes idoles de mon temple personnel de la renommée. Il est arrivé au studio avec un album contenant des photos de lui et de sa famille, et il nous a parlé de son enfance en le feuilletant. Pendant une bonne demi-heure, nous aurions pu entendre une mouche voler, tant il est un raconteur-né. J'ai découvert ce jour-là un homme fascinant et très beau dans son manteau de cuir, ses jeans délavés, ses bottes de cow-boy et, en guise de couronne sur ses 84 ans, sa longue crinière argentée.

Nous avons chanté *Stewball*, une chanson de son répertoire que j'interprète depuis longtemps et qui est un de mes plus grands succès. Il était de passage en spectacle à Montréal, le moment était donc parfait, mais nous serions allés le rencontrer au bout du monde s'il l'avait fallu. Homme de famille comme moi, Hugues est un vrai de vrai. De plus, il a adoré notre réorchestration de sa chanson d'origine anglo-saxonne, qu'il avait adaptée en français avec Pierre Delanoë et enregistrée en 1966.

Ginette Reno

Je dois d'abord préciser que la chanson *Où serons-nous demain* – qui fut retenue pour l'album *Laisse-moi te dire* – a été écrite avec la volonté de l'envoyer à Ginette, il y a... une quarantaine d'années ! Mais les hasards de la vie étant ce qu'ils sont, je ne l'avais jamais rencontrée et comme je ne suis pas du genre à courir après les gens, elle ne l'avait jamais interprétée avant la fin de l'été 2015. Celle qui nous fait la tendresse depuis tant d'années est arrivée au studio dans sa magnifique Mercedes sport blanche, que René Angélil lui avait offerte après le fameux spectacle avec Céline sur les Plaines d'Abraham, en 2008.

Avec ses yeux rieurs, elle m'a interpellé : « Tu es qui, toi ? Oui, oui, je sais, la famille Daraîche pis toute, pis toute, mais toi ? Tu es marié ? Tu as des enfants ? Est-ce que tu fais l'amour souvent ? » Je suis tombé immédiatement sous son charme. En découvrant la chanson que je lui avais proposée, elle s'est étonnée : « Comment ça se fait que je ne l'ai pas eue avant ? » Ensuite, elle m'a invité à six reprises à l'occasion de son spectacle de Noël au Capitole de Québec. Puis elle est venue chanter avec moi, dans mes propres spectacles. Je l'adore.

Petula Clark

Été 2015, 22 h 45. Nous attendons toujours la grande Petula Clark, qui n'a pas terminé l'enregistrement de l'émission *En direct de l'univers*. C'est un show de télévision très éprouvant, sur le plan physique, ce qui n'empêchera pas la splendide dame de 83 ans d'arriver en... dansant ! En la voyant, j'étais comme un enfant le jour de Noël. Je me suis revu en train de gratter ma guitare en essayant d'apprendre *Je me sens bien* et *L'enfant do.* J'avais du mal à croire que j'étais seul avec elle et que je l'avais juste pour moi. Elle me prit la main et murmura joyeusement : « Fais-moi visiter ce magnifique studio ! »

Elle était vraiment ravie de découvrir qu'un tel studio, comme ceux de jadis avec ses trois salles, son piano à queue, son orgue Hammond B3, etc., avait survécu à l'ère des studios numériques de poche. Puis, nous avons chanté et chanté encore pendant qu'elle me tenait toujours la main. Elle aussi a adoré la chanson *Laisse-moi te dire,* que nous lui avions réservée pour l'album éponyme, que j'ai écrite avec Renée Martel, ma « jumelle »[1].

Charles Aznavour

Charles, c'est non seulement le « grand Charles », mais aussi le numéro 1 au palmarès de mes idoles. J'ai appris la musique avec ses chansons dès l'âge de 10 ans. Lors de notre première rencontre avec Mario et mon épouse Johanne, en 2013, il nous avait raconté des histoires à mourir de rire. Saisissant l'occasion, Mario, qui avait déniché *Noël au saloon,* une de ses chansons quasi inconnues, lui a demandé s'il accepterait de l'interpréter en duo sur mon album de Noël[2]. À notre grande surprise, même s'il se souvenait vaguement de ce titre, il accepta sans hésitation, puis me donna rendez-vous à Lausanne, en Suisse où il habitait. Finalement, je l'ai retrouvé au studio du Palais des congrès de Paris. « Vous aviez l'air de deux enfants qui écoutent les histoires de leur père », m'a dit Johanne un peu plus tard. Oui, le père Noël existe !

---

1. En plus de partager de nombreux points en commun avec Renée, nous sommes tous les deux nés un 26 juin.
2. Voir le chapitre 1 : *Moi, je ne pensais qu'à la musique.*

Dick Rivers

Dick est certainement le plus Québécois des Français. Sa carrière a été bien remplie chez nous et il a visité jusqu'au moindre des villages de notre pays. Il connaît toutes les bonnes adresses d'Alma, de Val-d'Or, de Gaspé ou de Coaticook, et se commande même du *smoked meat* de Schwartz's (Montréal) qu'il se fait livrer chez lui, à... Toulouse! Lorsque je suis allé à Paris, en 2013, pour enregistrer avec Aznavour, Dick nous a invités à souper. L'année précédente, Dick était venu à Québec pour participer au spectacle *Le retour de nos idoles* avec des gloires de la chanson française et québécoise, et nous avons alors enregistré *Quand les blés seront levés*, qui figure sur l'album *Mes amours, mes amis.*

C'est un super mec, un spécial, qui aime profiter des plaisirs de la vie. Rebelle, il prend un malin plaisir à s'allumer des cigarettes partout, surtout où cela est interdit! Au début d'octobre 2015, il s'est pointé à Montréal, incognito. J'étais sur la scène du Country Club Desjardins à Saint-Tite, pour le lancement de *Mes amours, mes amis*, et soudain, je l'ai vu apparaître des coulisses pour me rejoindre au micro. Ce fut un grand moment. Un sacré bon chum!

Marc Hervieux

Mon long parcours professionnel m'a permis de côtoyer un grand nombre d'Italiens. Souvent, on m'a dit: « Paulo, y'a fait 40 ans qué l'on té suit. Pourquoi tu chanterais pas une chanson pour nous autres en italien? » Cette proposition, qui me trottait dans la tête depuis longtemps, j'en ai fait part à Mario, qui m'a répondu: « Je vais faire traduire *À ma mère* en italien et tu la chanteras avec... Marc Hervieux! » Je n'en croyais pas mes oreilles. Moi, chanter avec un ténor d'une telle envergure?!?

J'ai donc appris *A mia madre*, l'adaptation italienne signée par Vincenzo Thoma, à laquelle le grand ténor a prêté sa voix avec moi. Contrairement aux chanteurs d'opéra habituels qui vivent dans un monde à part, Marc est très proche des gens et nous avons souvent chanté ensemble par la suite. C'est devenu un de mes bons copains. Depuis 2012 et la parution de l'album *Mes amours, mes amis,* toutes les fois où je rencontre un Italien, les remerciements fusent ! (*Rires*).

Maxime Landry

Maxime est un garçon formidable qui a traversé de dures épreuves. Lorsqu'il a remporté les grands honneurs à l'émission *Star Académie*, son père venait de s'enlever la vie. Même s'il était évident pour nous que la chanson *Dis, papa* lui était destinée, nous pensions qu'il n'accepterait jamais de l'interpréter, tant la situation était délicate. Il a écouté la pièce et l'a immédiatement adoptée pour *Mes amours, mes amis.* Par la suite, il a participé à une centaine de mes spectacles en tournée. Il est devenu un de mes grands chums. Je l'adore. C'est un être extrêmement touchant et sensible, qui s'intéresse aux autres et demeure toujours présent pour ses amis. Il est aussi très proche de Laurence (Jalbert), qui a également participé aux spectacles en question.

Éric Lapointe

Il est difficile de comprendre Éric et aussi de le… joindre ! Je lui ai envoyé ma chanson *Une croix sur ton nom*, une histoire de bar et de peine d'amour. Il m'a répondu qu'il se sentait mal à l'aise de chanter une chanson d'amour en duo avec un autre gars. Après réflexion, j'ai eu un flash : *Le blues de l'artiste.* Pour moi, c'était une évidence, mais Mario ne parvenait pas à communiquer avec lui pour lui proposer cette nouvelle version. J'ai donc décidé de la lui envoyer personnellement par courriel.

Et ce, grâce à ma fille Émilie qui, le connaissant, m'avait refilé son adresse électronique. Je lui ai transféré la toune, en l'invitant à me répondre. En vain. Réussissant à trouver son numéro de téléphone, je l'ai appelé directement. « Allô ? Ah ! Paul, salut, je l'aime la toune, on va la faire. » « Viens chez moi et on va la répéter avec mon guitariste et arrangeur, Stéphane Dufour. » Il est arrivé avec une caisse de 12 bières et nous avons passé une bonne partie de la nuit à répéter et à essayer diverses versions. Puis nous sommes allés dormir.

Quand Éric est arrivé au studio Planet dans sa rutilante Lamborghini, mon fils Dan, qui est un de ses fans invétérés, a capoté. Mais Éric, il prend son temps pour se réchauffer la voix et se mettre dans le « mood ». Résultat : il a fallu au moins une heure et demie et quelques drinks avant que nous commencions l'enregistrement, pressé sur l'album *Laisse-moi te dire*. À l'écoute des bandes, je suis tombé en bas de ma chaise, tellement c'était bon. Avec Éric, c'est peut-être long, mais lorsqu'il embarque dans quelque chose, il y va à fond la caisse.

Des mois plus tard, alors que nous partagions la scène d'un grand spectacle à Rimouski, il m'a confié : « Elle est bonne en criss, ta toune ! » Je ne serais pas étonné qu'il la reprenne seul un jour. Ou plutôt un soir. Éric, le rebelle, l'intense, celui qui brûle la chandelle par les trois bouts, me fait énormément penser à moi à son âge.

Richard Desjardins

J'ai connu Richard à l'époque de son groupe Abbittibbi, en 1976. Je voulais absolument chanter avec lui, et Mario a dit : « C'est une excellente idée et je sais déjà quelle toune nous allons lui proposer : *Le Lumberjack*. » Cette histoire de forêt et de coupe à blanc concernait directement Richard, compte tenu de son engagement politique. Il a répondu à Mario : « Je vais la faire, mais il y a des mots en tabarnak dans ce texte ! Mais puisqu'il y est question d'un vrai bûcheron, ça me parle. »

Alors que nous l'attendions au studio, et qu'il n'arrivait pas, Mario lui a téléphoné : « Que se passe-t-il ? » « Je ne voulais pas te le dire, mais je n'ai pas le choix. Hier, j'étais dans un gros party et j'ai perdu mon partiel : j'ai pu de dents ! », avoua-t-il en substance à Mario. De notre côté, nous avons ri à... pleines dents ! Quelques jours plus tard, armé de sa nouvelle dentition, Richard s'est présenté au studio pour l'enregistrement de sa participation sur l'album *Mes amours, mes amis.*

Richard est entré à fond de train dans *Le Lumberjack* et le résultat est *formidouble.* En faisant allusion au flot de paroles, l'auteur de *Tu m'aimes-tu ?* m'a cuisiné : « Avais-tu pris du *speed* quand tu as écrit ça ? » (*Rires*). Je lui ai expliqué que l'auteur de la pièce que j'ai contribué à populariser était Hal Willis, un chanteur country connu qui vivait à Nashville depuis une quarantaine d'années. Mais à l'origine, c'était un gars de Rouyn-Noranda dont le patronyme est... Gauthier.

J'avais découvert l'album contenant cette chanson au Nouveau-Brunswick, où il se produisait en anglais et en français, à ses débuts. Il est encore fort connu là-bas. Lorsqu'en 2012, Mario proposa d'enregistrer la chanson de Hal Willis, je croyais qu'il était décédé. Au contraire, m'informa Mario plus tard : « Tu ne devineras jamais qui m'a téléphoné de Nashville : Hal Willis ! Il était vraiment très content d'avoir reçu des redevances pour sa chanson. » Je peux le comprendre, moi qui me suis si souvent fait avoir sur ce plan.

Cela dit, je n'en revenais pas qu'il ait appelé Mario, car Hal était une légende qui allait fêter ses 80 ans. Cet Abitibien de naissance ajouta même, en pensant à d'éventuels chèques à venir : « J'ai écrit beaucoup de chansons, je vais vous les envoyer. » (*Rires*). Et j'ai effectivement reçu ses albums, accompagnés de timbres-poste officiels qui avaient appartenu au légendaire chanteur country Hank Williams. Je n'ai pas, à ce jour, enregistré d'autres chansons de Hal, qui a rejoint le saloon éternel de la musique country, qu'il a si bien servie, le 4 septembre 2015 à Nashville.

Tex Lecor

Depuis mon adolescence, comme la plupart des Québécois, j'entends tous les ans pendant le temps des fêtes le fameux *Noël au camp*. Ce conte magnifique met en scène un jeune homme qui est contraint de rester dans le bois en raison de la tempête. Mario a écrit huit lignes que nous chantons ensemble au milieu du texte. Lorsqu'il est venu au studio, j'ai demandé à Tex s'il voulait un p'tit drink : « Mais non, l'frère[3], je l'ai mon p'tit boire. » Puis il a sorti une fiasque de sa poche. Plus tard, il m'a offert une magnifique reproduction d'un de ses tableaux qui évoque la Gaspésie. Mario était jaloux, lui qui en veut un depuis toujours. Tex, c'est un vrai : au bout de 10 minutes, s'il t'aime, il te considérera comme un de ses chums et ne t'oubliera jamais. Il habite près de chez moi et je passe le voir à l'occasion. J'en reviens toujours plus riche sur le plan humain.

Willie Lamothe

Je n'ai malheureusement pas eu la chance de chanter en duo sur un de mes albums avec Willie, mais ce pionnier de la musique country au Québec m'a marqué à jamais, tant sur le plan personnel que professionnel. C'est lui qui m'a remis mon premier trophée Félix en 1979. Au début des années 1980, il a fait son embolie cérébrale qui l'a laissé à demi paralysé, l'obligeant à mettre fin à ses activités professionnelles. Mais en 1987, à l'occasion du spectacle *La grande tournée de Julie*

3. En tant que membre de l'Ordre des Chevaliers de Colomb, Tex appelle tous ses chums ainsi.

et Paul, il est remonté sur les planches. Je l'aimais bien et je me suis rapproché de lui lorsqu'il était malade. Il ne pouvait plus jouer de la guitare, mais il parvenait encore à chanter des extraits de ses chansons.

J'ai réussi à lui concocter un petit *medley* (pot-pourri) de ses grands succès qui durait 7 ou 8 minutes. C'était suffisant. Je me souviens des premiers soirs : les gens lui réservaient une longue ovation dès l'instant où il apparaissait sur scène à la fin du spectacle où nous l'amenions en fauteuil roulant. Mon guitariste pleurait tant il était ému. Willie tenait le micro de sa main valide ornée de bagues en or, sa tête coiffée de son chapeau blanc ; sa superbe, cette fière assurance, opérait toujours.

Cette tournée était de celles comme il ne s'en fait plus. Nous parcourions 26 villes en 30 jours, il y avait 35 personnes, 18 véhicules, des *roadies* (machinistes itinérants), et... 2 psychologues pour régler les différends ! Willie nous a tellement fait rire. C'était un « p'tit haïssable », comme on dit souvent en parlant des gens moqueurs et des joueurs de tours. Parfois, il me réveillait dans ma chambre d'hôtel vers 4 h du matin : « Bon, qu'est-ce qu'on fait ? On fume un joint ? » « Mais non Willie, il est 4 h ! » Et on entendait Jeannette, son épouse, lui dire : « Couche-toué, vieux criss » (*rires*).

Pendant cette tournée, je conduisais un minibus dans lequel prenaient place Willie ainsi que Patrick Norman et un de mes musiciens. Une fois, alors qu'il s'ennuyait à l'arrière, il a décidé de venir s'asseoir devant, histoire de jaser et de rigoler. Malgré sa paralysie partielle, il parvenait à se déplacer à l'aide d'une canne ou, dans ce cas-ci, en prenant appui sur le dossier des banquettes. Nous étions en pleine nuit au nord de Gaspé, la tempête sévissait et ça brassait pas mal. Atteignant la banquette où Patrick et sa blonde de l'époque étaient allongés pour dormir, Willie n'avait plus de prise pour s'agripper au dossier.

Badaboum, Willie tomba sur Patrick et tous deux roulèrent par terre ! La perruque de Patrick se décolla, lui masquant la moitié du visage ! Willie, que j'observais dans le rétroviseur, se mit à rire comme un gamin avec ses deux dents écartées, tout en montrant la tête dénudée de Patrick, qui révélait ainsi son secret de Polichinelle bien connu de tous. Je n'aurais jamais révélé cet incident cocasse si Patrick n'avait pas assumé depuis sa calvitie.

Une autre de Willie

C'est dans un minibus que la chanson *Showtime* – reprise avec Marjo sur l'album *Laisse-moi te dire* – vit le jour, il y a plus de 15 ans. À l'époque, nous partions en tournée et nous voulions absolument une chanson de circonstance, dans le but d'ouvrir nos spectacles de façon percutante. Je l'ai écrite pendant que nous roulions et nous l'avons répétée le jour même, pendant le test de son qui précède tous les concerts. Depuis ce temps-là, elle est la pièce d'ouverture de tous mes spectacles.

Ce qui me rappelle une autre anecdote de tournée, qui implique Willie. Nous étions à Cap-Chat et c'était jour de repos pour tous les membres de la fameuse grande tournée. Nous avions décidé de faire un feu de bord de mer, en soirée. À cet effet, nous avons tous parcouru la plage pour ramasser des morceaux de bois. Mon appareil photo, mes guitares, tout était là. Mais une chose me chicota, tout au long de la journée : je voyais Willie rire avec sa satanée « craque » entre les dents. À Cap-Chat, le rivage est étroit et nous n'avions pas pensé à la marée ! Lui, oui ! La mer a monté tellement vite qu'il a fallu quitter la grève précipitamment, au point que j'y ai laissé mon appareil photo et que j'ai failli perdre une guitare.

« Tu aurais pu nous le dire, tabarnak ! », lui ai-je lancé, furieux sur le moment, même si maintenant j'en ris et que je suis persuadé que, de là-haut, lui aussi en rit encore de s'être payé ma tête ce jour-là. Willie était un grand conteur, qui n'avait pas eu besoin d'aller à l'École de l'humour pour être très drôle. Comme acteur, il crevait l'écran et inventait ses propres répliques au fur et à mesure des scènes qu'il tournait. Jeannette Lemieux, la mère de ses enfants, était aussi toute une femme. C'est elle qui, au début de la carrière de Willie, vendait ses photos et faisait sortir les spectateurs trop turbulents pendant les spectacles de son mari !

Lors des funérailles de Willie, en octobre 1992, le cinéaste Gilles Carle a eu ces mots à son égard : « On ne peut pas être chanteur country si on n'a pas été miséreux dans sa jeunesse et qu'on n'en a pas gardé beaucoup de sentimentalisme[4]. » Personne n'aurait mieux dit.

4. Cormier, Sylvain, « Adieu tous mes amis », *Le Devoir,* 16 mars 2010, http :// www.ledevoir.com/non-classe/285061/adieu-tous-mes-amis.

Chapitre 10

Chanson : *Rosalie*
Thème : *La fin*

Titre de la chanson : *Rosalie*

Paroles : Paul Daraîche

musique : Paul Daraîche

Année : 2015

Album : *Laisse-moi te dire*

Voici le code intelligent QR pour vous permettre de commander cette chanson sur l'album disponible sur iTunes. Grâce à votre tablette ou votre téléphone intelligent, vous pouvez vous procurer un lecteur QR qui vous amènera directement au fichier audio de la chanson sur iTunes. Vous pouvez aussi vous procurer la chanson directement sur iTunes.

Malheureusement, pour des raisons légales, nous ne pouvons transcrire les paroles de cette chanson. Par contre, celles-ci sont disponibles habituellement dans le boîtier de l'album en référence. Nous sommes désolés de cet inconvénient et nous vous remercions de votre compréhension.

« Marianne, le temps où nous sommes si vieux et où nos corps s'effondrent est venu, et je pense que je vais te suivre très bientôt.

« Sache que je suis si près derrière toi que si tu tends la main, je pense que tu pourras atteindre la mienne.

« Tu sais que je t'ai toujours aimée pour ta beauté et ta sagesse, je n'ai pas besoin d'en dire plus à ce sujet, car tu sais déjà tout.

« Maintenant, je veux seulement te souhaiter un très bon voyage.

« Adieu, ma vieille amie. Mon amour infini, nous nous reverrons. »

– Leonard Cohen

Rosalie

Rosalie est une pure fiction, qui narre l'histoire d'une vieille dame à la fin de sa vie. La plupart du temps, des faits vécus sont à la source de mon inspiration, mais il arrive aussi, en raison d'une commande ou parce que j'ai besoin d'une chanson, que j'invente une histoire de toutes pièces. Au début de la composition de ce morceau, je me suis dit : *Tiens, c'est une fiction, mais je vais l'écrire pour la mère de Patrick (Norman), qui se prénomme Marguerite.* La chanson s'intitula donc *Marguerite.* Je la fis entendre à mon ami Patrick, il y a déjà une trentaine d'années de cela, et il me dit : « Paul, je l'adore, mais ma mère est bien trop jeune, je ne peux pas chanter cela. » J'ai réfléchi et comme ma propre mère se prénommait Marie-Rose et une de mes sœurs, Rose, j'ai décidé de renommer la pièce *Rosalie.*

Lorsqu'est venu le temps d'attribuer les chansons aux artistes que nous envisagions d'inviter pour l'album *Mes amours, mes amis* (2012), j'ai demandé à mon producteur, Mario Pelchat, quelle chanson il aimerait chanter. « Je veux toutes les chanter ! », me répondit-il en riant. Il y eut un moment d'hésitation, car nous avions réservé *Rosalie* à Roch Voisine. Sauf que Roch, une fois contacté, nous annonça : « Je suis d'accord pour chanter avec Paul, mais je me suis promis un jour que je ferais *À ma mère (Perce les nuages).* »

Le hic est que nous avions déjà offert cette pièce à Isabelle (Boulay), qui en a d'ailleurs fait un mégatube en France, il y a quelques années. Que faire ? Dans un éclair de lucidité, Mario et moi avons eu une brillante idée : l'interpréter en trio ! Et, ô joie, Isabelle et Roch acceptèrent. Tous les trois, nous avons donc revisité *À ma mère*. Ce qui, de ce fait, libérait la pièce *Rosalie* pour Mario. Un heureux retournement des choses qui lui fit dire plus tard : « Je suis vraiment content d'avoir fait celle-ci, car j'aurais été déçu si on l'avait donnée à Roch ! »

Nous avons tourné une magnifique vidéo près du vignoble que possède Mario à Saint-Joseph-du-Lac. Esprit très curieux, voire *fouineux*, Mario se balade dans les campagnes, observe les granges, remarque les détails de la nature, etc. C'est lui qui a déniché ce vrai saloon que l'on aperçoit dans le clip. Il y avait également une véritable écurie avec ses 40 chevaux et, attenant au saloon, un vrai bar avec des orchestres country qui s'y produisent encore. Bref, la totale.

Lorsque j'ai tourné ma partie pour le clip, je n'avais pas vu les autres scènes où des comédiens sont à l'œuvre, parce que ce type de film est réalisé par séquences indépendantes les unes des autres. En visionnant le montage final, je suis tombé des nues tellement c'était beau. La scène où Rosalie se sauve pour venir m'écouter chanter dans le petit bar m'a particulièrement émue. Cette vidéo s'est rapidement hissée au sommet du palmarès de Musimax, cette station de télévision qui était consacrée alors à la musique. C'est une chanson que j'adore et je l'interprète à chacun de mes spectacles. Que Mario soit là pour la faire en duo ou non.

Cette chanson, une de mes préférées de mon répertoire, je l'ai écrite avec mon ami François Vaillant[1]. Nous ne travaillons

---

1. Pour en savoir davantage au sujet de François (alias Yvon Pierre Vaillancourt), voir le chapitre 8 consacré à la pièce *Six heures moins quart*.

jamais chez lui, car il est souvent interrompu en raison de ses fonctions de concierge qu'il l'occupe dans l'immeuble où il habite. Il n'a pas de voiture non plus, car il n'a plus de permis de conduire. Il a rendu de son propre chef à la Société de l'assurance automobile du Québec (SAAQ) celui qu'il détenait jadis, parce qu'il se considérait lui-même comme étant trop dangereux au volant !

Lorsque François conduisait, il pouvait soudainement penser à quelqu'un et changer brusquement de direction en plein trafic pour aller voir la personne en question. C'est un « spécial ». J'allais donc le chercher pour l'emmener à la maison où nous travaillions à des chansons[2]. Je crois que nous avons écrit *Rosalie* chez moi, à Mascouche. C'était à l'époque où nous complétions ses fragments de chansons. Bien qu'elle ait été écrite depuis fort longtemps, ce n'est qu'en 2005 que j'ai immortalisé cette pièce pour mon album *La vie d'artiste*.

Prémonition ?

Comme je l'ai expliqué précédemment[3], ma femme Johanne est une sorte de Mère Teresa pour sa grande empathie envers les personnes handicapées, les gens âgés, les animaux, etc. Depuis longtemps, nous adressions des demandes aux autorités afin d'obtenir le droit d'accueillir des personnes du troisième âge à la maison, mais elles furent toutes refusées en raison de mon passé rock and roll. Je suis un *outlaw*, mais un bon hors-la-loi du genre Robin des Bois (*rires*).

Un jour, notre voisine à Terrebonne, me voyant bâtir un *bachelor* (en français, on dit une garçonnière ou un studio !) pour Émilie, s'est mise à me parler de ses vieux parents de plus

2. Idem.
3. Voir le chapitre 4 : *Dans ta robe blanche*.

de 90 ans en me disant, avec ses grands yeux attendris : « Mon rêve serait que vous vous occupiez de mes parents. » Peu de temps après, elle nous les présentait. En regardant le *bachelor,* qui ne disposait alors que d'un seul plancher au milieu du chantier, son père s'exclame : « Oh, j'aime ça, je veux venir ici dès demain ! » « Mais rien n'est encore bâti », ai-je répondu à ce brave homme, qui nous avait vraisemblablement pris en affection. « C'est déjà mieux que la chambre minuscule où nous habitons en ce moment », répliqua-t-il.

J'ai donc accéléré la construction, non pas pour Émilie, mais pour Alfreda et Louis qui restèrent avec nous pendant un an. La garçonnière, que nous envisagions à l'origine, prit les allures d'un bel appartement, où les parents de notre voisine étaient très heureux. Johanne leur préparait leurs repas et la vie était douce. Nous avons fêté avec eux et les cinq enfants qu'ils adoptèrent leur 70e anniversaire de mariage. Je les ai conduits dans ma belle voiture, que j'avais bichonnée pour l'occasion Et voyant Louis flatter les cheveux gris de sa belle, cela m'a fait penser à ma chanson. Comme dans la pièce, lui seul pouvait encore le faire.

Lorsque je pense à lui aujourd'hui, je me souviens qu'il aimait prendre un petit coup. Une fois, je lui ai offert un verre de vin rouge, qu'il a bien sûr accepté. Après qu'il l'eut éclusé, j'ai vite compris qu'il aimait ça. Plus tard, il m'a fait venir et m'a donné de l'argent pour que j'aille à la Société des alcools du Québec (SAQ) pour lui. Il voulait du gin produit par De Kuyper, un alcool titrant à 40°. Les aînés qui aiment l'alcool en sont souvent adeptes. Pour lui faire plaisir, je lui avais également acheté un vinier de 4 litres de rouge. À l'heure du dîner, Alfreda dit à Johanne : « Regarde-le, le Louis, il a trop bu. » Lui m'observait en riant et il fallut que je le prenne dans mes bras pour le conduire à table. Il riait et riait encore.

Alfreda, qui commençait à souffrir de la maladie d'Alzheimer, tombait souvent par terre et c'est avec un sourire moqueur dans la voix que Louis m'appelait : « Paul, peux-tu la relever ? Moi, je ne suis pas capable », et il continuait à rigoler et elle aussi. Un jour, Louis fut hospitalisé et Alfreda était tellement persuadée qu'il ne reviendrait plus auprès d'elle, qu'elle contracta un zona[4], l'une des pires maladies de peau qui soient. Le mal s'est propagé jusque dans ses parties génitales. Elle était très affectée et honteuse quand Johanne la nettoyait, même si celle-ci tentait de la réconforter en lui faisant comprendre qu'elle n'avait pas à avoir honte.

Après deux semaines de soins intensifs prodigués en bonne partie par Johanne et le retour de Louis à la maison, la maladie d'Alfreda s'atténua. Quelque temps plus tard, Louis entrait de nouveau à l'hôpital, mais ce fut la dernière fois. Devenue veuve, la maladie d'Alzheimer qui affectait Alfreda se manifestait de plus en plus : elle ne comprenait plus ce qui se passait, elle cherchait Louis partout et tout le temps, n'arrivant pas à réaliser qu'il ne reviendrait plus jamais.

Son cas devenant de plus en plus lourd à traiter, Johanne et moi ne pouvions plus ni physiquement ni juridiquement nous occuper d'elle. Alfreda fut accueillie par une de ses filles, qui habitait dans le Bas-du-Fleuve. Elle y vécut quatre autres années avant que sa maladie s'aggrave et que sa fille ait recours à l'assistance d'un Centre d'hébergement et de soins de longue durée (CHSLD) de sa région. C'est là qu'Alfreda termina ses jours paisiblement.

C'est toujours à Alfreda que je pense lorsque je chante *Rosalie*. Il faut dire que j'adore les personnes âgées et j'ai

4. Évidemment, je ne suis pas médecin et le lien n'est pas scientifique, mais on pourrait facilement croire qu'il y a eu un lien de cause à effet.

toujours été ainsi. Même quand j'étais enfant, je chantais avec elles et pour elles.

Il m'est d'ailleurs souvent arrivé de faire du bénévolat dans un centre pour personnes âgées, situé sur le Plateau-Mont-Royal (Montréal), les samedis après-midi. Je me souviens qu'il y avait un homme qui refusait de parler aux autres résidents ou au personnel. Il ne parlait qu'à moi. Pourquoi ? Lorsque je l'ai rencontré la première fois, j'ai tenté d'entamer une discussion, mais il ne m'a même pas regardé ni répondu. Les samedis suivants, j'y suis retourné le saluer et, à force de l'observer et de lui parler, il a fini par comprendre ce que je lui disais.

À un moment donné, je me suis aperçu qu'il fabriquait une lampe avec des bâtonnets de Popsicle. Je lui ai dit : « Vous faites ça, vous ? Moi, aussi j'en ai fait. » Il a alors commencé à me regarder. Voyant qu'il se retrouverait bientôt en rupture de stock de bâtonnets, j'ai demandé à une de mes sœurs qui était propriétaire d'un dépanneur de me procurer une caisse de bâtons en bois pour les *sundaes*. Lorsque je l'ai apporté à mon *bougonneux*, il a commencé à me parler et à entreprendre une nouvelle création, car la forme des bâtonnets n'était plus la même. Puis, un samedi après-midi en arrivant, j'ai appris qu'il était décédé durant la semaine. C'est sans doute à ce moment-là que j'ai décidé de divertir pleinement tous ces chers amis, qui avaient tant vécu avant nous.

En cavale

J'ai alors eu l'idée d'organiser un grand spectacle, histoire d'aller de l'avant en remettant les recettes des ventes de billets à la résidence que je voulais construire. J'ai proposé à un de mes amis, propriétaire d'un bar nommé Le Vieux ranch, de faire cela dans son établissement et la soirée fut superbe. Tous les artistes sollicités répondirent à notre appel, ce qui nous permit de recueillir 6500 $, destinés à procurer des moments de bonheur (une bonne heure) à nos amis aînés.

Parmi ces personnes, il y en avait une quarantaine qui pouvait se déplacer sans fauteuil. J'ai demandé à mon grand chum Jean-Marc Duguay, qui est drôle comme Fernandel, de me prêter main-forte à l'occasion d'une sortie que j'envisageais. Avec lui, mon neveu Richard et d'autres bons amis, nous avons accompagné toutes ces personnes pour une visite du zoo de Granby.

Dans ce groupe, quelques personnes aimaient prendre un p'tit coup, je leur avais donc offert deux ou trois bières. Lorsque nous sommes revenus, vers 22 heures, les rires fusaient de toutes parts et le party, qui était déjà pris en quittant Granby, alla en s'amplifiant. Ce qui ne semblait pas trop plaire à la direction. (*Rires*). Après cette expérience enrichissante sur le plan personnel, nous avons fait l'acquisition d'une résidence pour personnes âgées qui pouvait accueillir neuf personnes. Hélas, nous avons dû nous en départir pour diverses raisons administratives.

À bien y penser, je crois que ce n'est peut-être pas une si mauvaise chose finalement. Cet accompagnement des aînés, même s'il répondait à un besoin de venir en aide aux autres et de faire notre part, me mettait en contact quotidiennement avec la mort ou sa proximité, et cela, je ne suis pas certain d'avoir le caractère suffisamment aguerri pour y faire face. Pour Johanne, cela coulait de source, mais pour moi, avec mon passé et mes fantômes, je crois que cela aurait pu m'affecter profondément à long terme et m'aurait probablement rendu inefficace ou maladroit.

Je pensais aussi de plus en plus à la Dame à la faux et, chaque matin au réveil, je me demandais si mes « vieux » étaient toujours en vie. Forcément, cette question me ramenait à ma propre fin.

Peur de l'avion

C'est cette idée de la mort qui me fait fuir l'avion comme la peste. Et ce n'est pas le tragique accident de Jean Lapierre et de plusieurs membres de sa famille, le 29 mars 2016, qui arrangera les choses. Je connaissais Jean et son départ m'a affligé et traumatisé en même temps. C'était un Madelinot qui avait le cœur country. Je ne peux m'empêcher de penser aussi à sa mère déjà éplorée par le décès de son mari, qui attendait ses enfants pour l'enterrer et qui a perdu quatre autres membres de sa famille en quelques jours.

Il n'y a vraiment pas de justice en ce bas monde. J'ai décidé de ne plus prendre l'avion pour des vols intérieurs, même s'il me faut conduire 15 heures pour me rendre à Halifax, comme je l'ai récemment fait, afin d'enregistrer une émission. Il en sera désormais toujours ainsi. Je réserverai l'avion que pour mes vacances annuelles à Cuba et si je dois me rendre en Europe pour des raisons professionnelles. C'est à cause des avions que j'ai pris ici, au Québec, qu'une telle frousse me colle à la peau.

À une époque, je suis allé chanter pour les gars de la Baie James des secteurs LG1, LG2, LG3, et LG4 jusqu'à Radisson. Il nous fallait parcourir d'énormes distances entre chaque lieu où nous donnions un spectacle. Souvent, c'étaient d'anciens pilotes de brousse qui nous transportaient d'un endroit à un autre à la fin des représentations. De vraies têtes brûlées, qui pilotaient avec une bouteille de 40 onces d'alcool en guise de carburant personnel ! Pour nous faire peur, un de ces pilotes s'est une fois amusé à frôler le sommet des sapins qui se dressaient sur notre parcours. À un moment, nous sommes passés devant une ligne de fumée : « Ah, c'est un de mes chums, il est tombé hier ! Ça fume encore, ha ! ha ! ha ! », nous a-t-il balancé. J'ai eu la peur de ma vie et je me suis juré de ne plus m'asseoir dans « une libellule ».

Comme l'a dit un jour Aznavour dans une fulgurance que je ferai mienne : « Je n'ai pas peur de la mort, mais j'aime tant la vie que j'ai peur de cesser de vivre. »

CHAPITRE 11

CHANSON : *Où serons-nous demain*

THÈME : *Vieille âme*

Titre de la chanson : *Où serons-nous demain*

Paroles : Paul Daraîche

musique : Paul Daraîche

Année : 2015

Album : *Laisse-moi te dire*

Voici le code intelligent QR pour vous permettre de commander cette chanson sur l'album disponible sur iTunes. Grâce à votre tablette ou votre téléphone intelligent, vous pouvez vous procurer un lecteur QR qui vous amènera directement au fichier audio de la chanson sur iTunes. Vous pouvez aussi vous procurer la chanson directement sur iTunes.

Malheureusement, pour des raisons légales, nous ne pouvons transcrire les paroles de cette chanson. Par contre, celles-ci sont disponibles habituellement dans le boîtier de l'album en référence. Nous sommes désolés de cet inconvénient et nous vous remercions de votre compréhension.

Où serons-nous demain

Au début des années 1970, lorsque j'ai écrit la chanson *Où serons-nous demain*, j'étais dans la mi-vingtaine et je me passionnais pour les chansons de Bécaud, Ferrat, Aznavour et autres grands de la chanson française. À sa sortie, je fus invité à la radio de CJMS (Montréal) pour l'interpréter dans l'émission qu'animait la grande Dominique Michel. Presque sur le ton de la désapprobation, elle commenta ainsi ma prestation : « Comment se fait-il que vous chantiez des textes aussi matures ? Vous êtes beaucoup trop jeune pour cela ! »

À travers ce texte, je me projetais dans le futur et, à bien y songer, probablement à l'âge que j'ai atteint aujourd'hui. Je m'interrogeais au sujet de celle qui serait ma femme. Déjà à l'époque, j'évoquais le fait qu'après plusieurs années de vie commune, la passion folle des débuts se transformerait petit à petit en complicité durable et solide.

Comme me le fit remarquer un ami, c'était peut-être ma version souriante de *La chanson des vieux amants* de Brel, bien que je ne prétende aucunement avoir son génie.

« À plusieurs reprises, je me suis demandée où nous serions demain ? », a lancé Johanne, celle qui est devenue la femme dont je parlais alors sans la connaître, en se joignant à la discussion au moment où je travaillais à ce chapitre avec mon ami Claude.

Puis, abordant la période noire où je sombrais lorsque j'ai connu Johanne, il y a de cela bientôt 30 ans, elle a raconté l'épisode où j'ai échangé notre mobilier de cuisine pour du rêve en sachet… Ce dont je suis loin d'être fier. Mais à force d'y penser, il me revient en tête qu'à cette époque, je me suis peut-être, plus ou moins consciemment, montré sous mon jour le moins favorable.

Autosabotage par peur de l'amour et de l'abandon possible ? Test pour savoir si Johanne serait vraiment assez forte pour vivre avec le drôle d'oiseau que j'étais ? Qui sait ?

« Ce qui importe aujourd'hui, c'est cette forteresse d'amour que nous avons bâtie ensemble, magnifiée de deux enfants formidables », ai-je lancé pendant cette discussion à trois. Puis Johanne a précisé son point de vue. « Au début, je ne voulais pas être avec Paul. J'avais déjà vécu ce genre de relation avec un homme qui consommait et je ne voulais plus revivre ça. Mais le charme de Paul a opéré (*rires*). Une fois, alors que j'étais enceinte de lui, un type est venu sonner en pleine nuit, car il le cherchait. J'aurais voulu l'étriper ! Je ne suis pas de nature agressive, mais j'étais toute seule à la maison et en ouvrant la porte, j'ai dit à ce grossier personnage : « Regarde bien l'adresse ici et note-la. Maintenant, mets ça dans ta petite tête : "Je ne reviendrai plus jamais ici" ! »

Contexte

Retour à la chanson. Si j'ai écrit un texte qui fait référence à des personnes, disons très matures, alors que j'étais plutôt jeune, c'est sans doute parce que je suis de ce type d'individu que l'on appelle « une vieille âme ». C'est d'ailleurs sans doute pour cela que j'aimais la chanson française et la compagnie des « vieux » alors que mes amis, de leur côté, apprenaient des chansons de Pierre Lalonde, et ne pensaient qu'à aller en boîte de nuit. Je suis même convaincu que, tel un chat, j'ai déjà eu huit vies et que celle-ci est ma dernière.

Les circonstances entourant la sortie de la première version de *Où serons-nous demain* sont assez évocatrices du climat de l'époque dans le milieu du country. Après les succès éclatants des albums de ma sœur Julie et des frères Duguay, le patron de Bonanza Records en est venu à la conclusion qu'il serait beaucoup plus rentable de posséder son propre studio plutôt que d'en louer un, chaque fois qu'il envisageait de lancer un disque.

Après avoir embauché des travailleurs pour construire le nouveau studio, il m'annonça : « Maintenant que le studio est prêt, il faut le tester pendant un mois avant de le proposer en location ou d'y enregistrer les albums de nos artistes. Tu pourras donc l'utiliser à ta guise pendant ce temps, afin de savoir quelles sont les inévitables mises au point à faire. » C'était comme si on avait donné les clés d'un magasin de bonbons à un enfant !

J'en ai profité pour m'amuser, répéter et enregistrer les chansons de ceux qui avaient forgé mon répertoire de l'époque : Reggiani, Moustaki, Brel, etc. Ça sonnait très mal, mais l'objectif principal de l'opération était justement de procéder à des corrections.

Lorsque le propriétaire de Bonanza Records s'est retiré et que le studio a fermé, bien des années plus tard, des personnes qui gravitaient autour de lui avaient récupéré les bandes enregistrées dans le studio et en avaient vendu certaines à Gaétan Richard[1]. Parmi les nombreuses stratégies d'affaires que

1. Voir le chapitre 8 consacré à la pièce *Six heures moins quart* pour en savoir davantage au sujet de Gaétan Richard.

ce producteur de « racks à cassettes » avait imaginées, figurait un *record* – comme on disait dans ce temps là – sur lequel était collée une photo de moi très floue, prise pendant un spectacle qui avait eu lieu au bar La grange à Jean-Paul, à Bois-des-Filion.

Le disque comprenait plusieurs reprises des chanteurs français mentionnés, et armé de ma guitare je lui ai chanté ma pièce originale *Où serons-nous demain.* C'était donc pour la promotion de ce soi-disant album que je fus invité à l'émission de Dominique Michel.

Pourquoi je me suis retrouvé à promouvoir un album préparé dans mon dos ? J'étais moins expérimenté qu'aujourd'hui, sans le sou et le producteur m'avait proposé un bon montant d'argent en échange de la promotion de ce disque. Il faut dire aussi que dans le country, on faisait souvent les choses comme des… cow-boys !

Le disque était-il bon ? Pas du tout. Il sonnait très mal, contenait plein d'erreurs et n'était même pas mixé. Typiquement le genre de situation où l'on doit accepter des méthodes qui nous déplaisent, comme cela s'est souvent produit tout au long de ma carrière. Je m'explique : puisqu'il en coûtait plus cher en frais d'avocat de poursuivre des producteurs malveillants que ce que nous pouvions espérer toucher en guise de dédommagements, on se disait : *Aussi bien limiter les dégâts et tenter d'y trouver notre profit.*

C'est pour cette raison que j'ai participé à la promotion de ce fameux disque. Ce genre de pratique était aussi habituel dans le milieu de la musique pop, mais de façon beaucoup moins fréquente du fait des structures inhérentes à ce marché. Eh ! oui, des magouilles existent encore dans le monde country et même à une autre échelle.

Par exemple, un amateur de musique country peut se rendre dans un marché aux puces, où les prix sont particulièrement bas, et demander au propriétaire de stand s'il a tel ou tel disque de Patrick Norman ou de Paul Daraîche. Souvent, le vendeur lui répondra : « Non, mais si vous revenez dans une demi-heure, je l'aurai », ce qui lui laisse le temps de copier le disque sur un disque compact à partir d'Internet ou de l'album original qu'il s'est empressé d'aller acheter sur un autre stand. Et sur cette copie ainsi que celles qu'il produira ensuite, nous ne percevons aucun droit d'auteur…

Rétroviseur

Aujourd'hui, lorsque je joue *Où serons-nous demain*, je me demande souvent comment j'ai réussi à écrire une si belle mélodie à la musicalité aussi complexe, à cette période de ma vie. Il m'apparaît évident que l'influence d'Aznavour est bien présente, tant sur le plan du texte que de la mélodie, et j'avoue qu'après 50 années d'expérience musicale dans les doigts, je compose très rarement de façon aussi sophistiquée. Parlant de sophistication, à l'époque, je pensais l'offrir à Ginette Reno, mais l'occasion ne s'est jamais produite, comme je le dis ailleurs.

Si je pouvais m'adresser au jeune homme de 25 ans que j'étais au moment de l'écriture de cette chanson, je lui dirais assurément de persister malgré les inévitables périodes de découragement. J'aurais même ces mots : « Rendu au soir de ta vie – l'expression que j'utilise dans la chanson –, tu récolteras en 3 ans ce que tu auras semé pendant 47 ou 48 ans ! » Puis j'ajouterais, avec la voix de Pierre Falardeau en tête : « Les bœufs sont lents, mais la terre est patiente. »

Aujourd'hui, même si j'ai parfois du mal à croire que je ne vis pas un rêve, je me félicite d'avoir tenu bon quand j'ai traversé les pires épreuves. En toute modestie, je suis la preuve vivante que, lorsque l'on se tient debout et que l'on s'accroche à ses rêves, on est toujours récompensé et, parfois, même au-delà de ce que l'on espérait. Comme je le dis souvent : « Aide-toi et le ciel t'aidera. »

De nos jours encore, je m'étonne moi-même et j'accomplis des actions que je n'aurais jamais crues à ma portée. Par exemple, jusqu'à 65 ans, je m'étais presque toujours produit dans des festivals country et des bars, dont les conditions m'étaient souvent imposées sans discussion préalable. Or, du jour au lendemain, je me suis retrouvé à la grande salle du Théâtre Saint-Denis et en tête d'affiche de surcroît !

Si le Paul de près de 70 ans avait dit au Paul de 25 ans : « Un jour, tu vas rencontrer Charles Aznavour, il va t'inviter en Suisse et tu vas chanter avec lui en duo une chanson où il est question d'un Noël au saloon ! », je crois que je lui aurais répondu : « Tu en fumes du bon, le malade, ou tu n'es déjà plus tout à fait là ? » (*Rires*).

Intervention divine ?

Cela étant dit, je suis très croyant et, même si je ne fréquente pas les églises, je prie souvent. Notamment avant de livrer un spectacle. Lorsque je monte sur scène, je ne me sens jamais seul, car je suis toujours escorté de ma Sainte Trinité personnelle : Dieu, Jésus, mon père et ma mère. Sans oublier Johanne, qui m'accompagne dans mes tournées et s'occupe généralement du stand des souvenirs proposés à chaque spectacle.

Et Johanne de confier cette anecdote : « J'ai en ma possession un vieux chapelet chanceux dont le crucifix est brisé. Chaque fois que j'avais une demande à formuler, je m'en remettais à ce précieux objet. Il y a de nombreuses années de cela, nous devions louer notre maison que nous ne parvenions plus à payer. Il fallait la vendre coûte que coûte, sinon nous la perdions. Un type s'était montré intéressé, mais comme il gagnait sa vie en conduisant des remorqueuses, nous ne le pensions pas en mesure d'acheter la maison dont le prix avoisinait les 250 000 $. Nous sommes partis en tournée et j'ai demandé à ma force divine d'intervenir. Le lendemain, nous avons appris que notre chauffeur de *towing* avait fait une demande d'hypothèque qui avait été acceptée ! Vous comprendrez que je ne me sépare jamais du précieux objet surtout en tournée. »

Cela me rappelle qu'au début de l'aventure de *Mes amours, mes amis*, je n'étais vraiment pas encore rodé sur le plan scénique et c'est Mario (Pelchat) qui, pendant les 10 premiers spectacles, me soufflait des suggestions dans une oreillette[2].

Je devais interpréter 28 chansons, il y avait des invités à présenter, des interactions à planifier avec le public, etc., bref, la tâche était colossale et je n'avais jamais participé à un spectacle d'une telle ampleur.

Nous étions à Rimouski, en mars 2016, où le premier spectacle de cette grande tournée devait avoir lieu. Or, pendant le test de son dans l'après-midi, rien ne fonctionnait et de la façon dont les choses se déroulaient, il semblait de plus en plus évident que j'allais me planter solidement le soir venu.

Depuis Montréal, Mario tentait de nous aider autant que possible par connexion audiovisuelle (Skype), mais rien n'y faisait. Découragé, j'ai marmonné : « C'est ce soir que tout est terminé ! » Furieux et triste à la fois, je savais que si cet échec se concrétisait, tous nos efforts se verraient anéantis d'un seul coup.

2. Voir le chapitre 9 consacré à la chanson *Showtime*.

Puis Johanne m'a prêté son chapelet[3] et j'ai prié en le tenant au creux de mon poing. Le soir venu, le show a commencé sur les chapeaux de roues et tout a fonctionné au quart de tour jusqu'à la fin ! Et la tournée s'est super bien déroulée jusqu'au dernier show. Hélas, surtout pour un gars comme moi qui n'a plus 25 ans, compte tenu de la petitesse du marché, après une tournée de 150 à 160 spectacles, tout est à recommencer pour la suivante, ce qui peut s'avérer assez frustrant. Nouvelles chansons à apprendre, nouvel agencement des pièces, nouvelles présentations, nouveau décor, etc. Aux États-Unis, un artiste peut rouler pendant 10 ans avec le même spectacle et le public demeurera toujours aussi ravi, parce que la présence scénique de l'artiste dans chaque ville ou patelin est plus espacée.

Où serais-je demain ?

On me demande parfois comment j'ai pu durer aussi longtemps dans ce métier. Je réponds toujours qu'il faut faire preuve d'une certaine humilité et se montrer disponible avec les personnes qui aiment ce que nous faisons. Les gens vont toujours vous respecter si vous les respectez. Et s'ils ont des choses à nous raconter, ces histoires sont aussi importantes que celles que nous avons nous-mêmes vécues. Je ne compte plus le nombre de personnes qui sont venues me rencontrer pour me dire : « Je ne me suis pas suicidé en raison de telle chanson ! » ou « Au moment où j'allais le faire, je me suis mis à écouter tes chansons et mon regard sur les choses a changé. »

Sans parler de ces centaines d'autres qui m'ont confié avoir réussi à traverser de grands chagrins en s'appuyant, si je peux m'exprimer ainsi, sur certaines de mes chansons.

---

3. Hélas, on ne sait trop comment mais nous avons égaré le fameux chapelet mais, ce n'est pas trop grave, nous avons d'autres intervenants !

Parfois, comme je le confiais précédemment à la blague, je dis que je suis le « chanteur de funérailles du Québec ». Chaque fois que des fans décèdent, des membres de leur famille me demandent de venir chanter pour les obsèques. Au cours des prochaines années, ça ne devrait pas s'estomper !

La version de *Où serons-nous demain,* que j'ai eu la chance d'interpréter avec Ginette, demeure la plus belle de toutes à mon avis. Et ce, même si celle que j'ai enregistrée pour l'album *Mes Écritures,* qui précède ma collaboration avec Mario (Pelchat) comme producteur, est excellente, tout comme celle de Pat. En effet, peu de gens savent que Patrick (Norman), mon ami à qui je fais toujours écouter en primeur mes nouvelles chansons, l'a enregistrée jadis, mais il n'y a peut-être pas consacré autant d'énergie qu'elle en demandait et sa version est demeurée confidentielle.

De mon côté, je savais depuis toujours que je tenais une pépite d'or qui ne demandait qu'à être polie. Cette chanson a fini par trouver son écrin dans la voix et l'âme de la grande Ginette, à qui je la destinais, il y a 40 ans. La façon dont je l'entendais à cette époque est exactement celle que j'ai la chance d'écouter aujourd'hui. Merci la vie. Merci, Madame Reno.

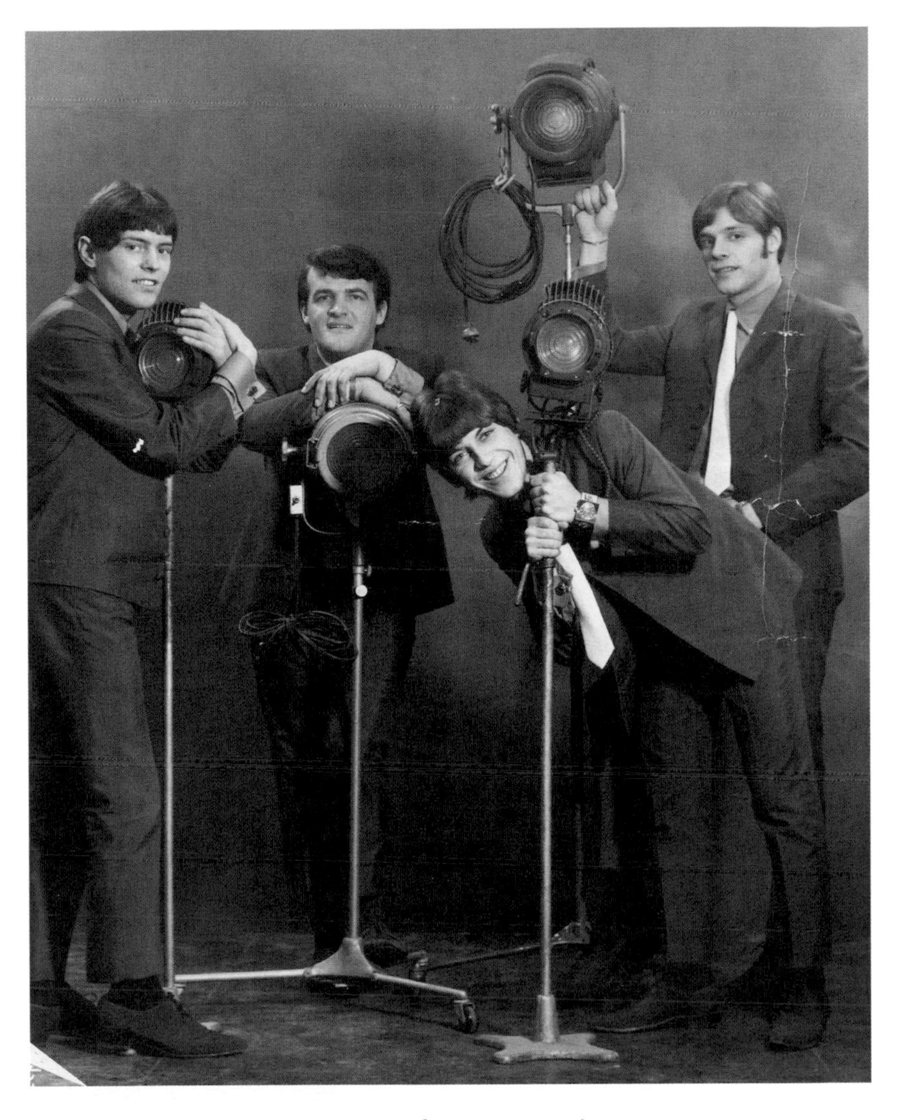

Mon premier groupe, Les Loup Blancs, avec qui nous avons connu un succès éclatant. Déjà, comme vous pouvez le remarquer, je sortais du lot.

Souvenirs de scène

À 13 ans, avec mon cousin Ubald (Bob), mon partenaire dans les bars.

Mon 2e groupe « Le Soleil ».

Mon band « Le Soleil » avec Jacques Tremblay et Bernard St-Onge.

Moi, beau bonhomme.

Paul Daraîche

Souvenirs de scène

Et me voici en action, très sérieux.

Mes musiciens et moi au Ranch de l'Ouest, de 1984 à 1989. Jules Turcotte, Sylvie Lapierre et Gaétan Lavoie.

En 1982, au camping Dallas.

Mon ex-guitariste Gilles West et moi, en pleine action.

Amitiés

Avec mon grand
chum Tex Lecor
à Québec.

En 2014, avec
Patrick Zabé
et Pierre Marchand
à Québec pour
le « Retour de
nos idoles ».

En 1988, avec mon
ami Gilles Bellavance,
fondateur du
Festival country de
Sainte-Madeleine.

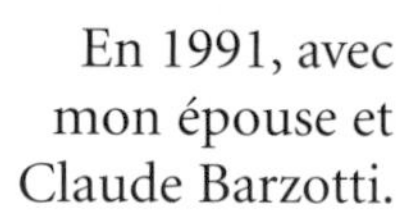

En 1991, avec
mon épouse et
Claude Barzotti.

Amitiés

Mario Pelchat,
avec mes amis
chanteurs country
Claude Martel,
sa conjointe
Lyne Gauthier,
et David Bernatchez.

Avec Mario Pelchat,
Étienne Drapeau
et Carl Marotte.

Mes amis indiens, Michel Canapé et Florent Vollant,
avec David Bernatchez, ma sœur Julie et sa fille Dani.

Amitiés

Avec mon ami Albert Babin
avec qui j'ai écrit *Confidence.*

Mon ami et partenaire
d'écriture, François Vaillant.

Mon ami Jean-Paul Chartrand (*Journal de Montréal*) et moi lors de mon lancement.

Amitiés

Avec Gilbert Rozon et ses sœurs jumelles pour leur 50e anniversaire.

Avec mes chums Patrick Groulx et Jonathan Painchaud.

Avec Isabelle Boulay en studio.

Avec Marie-Chantal Toupin et mon chum Patrick Norman.

En action

© PIERRE DRUELLE

© PIERRE DRUELLE

Chapitre 12

Chanson : *L'Homme en noir*
Thème : *Desperado*

Titre de la chanson : *L'Homme en noir*

Paroles originales : Johnny Cash (The Man In Black)

Adaptation en français : Mouffe

musique : Johnny Cash

Album : *La chanson est inédite au moment de mettre sous presse, elle sera sur le prochain album*

L'Homme en noir

(Chanson inédite ; adaptation par Mouffe le 5 avril 2016)

Vous vous d'mandez pourquoi j'm'habille tout en noir
J'suis ni un prêtre encore moins un croque-mort
Je ne voudrais surtout pas avoir à vous décevoir
En vous racontant le fin fond de mon histoire

C't'une promesse que j'ai faite à ma vieille mère
Que tant que régneraient injustice et misère
Je porterais toujours cette couleur austère
Pour être solidaire de tous les damnés de la terre

J'porte le deuil des oubliés d'la société
Des pauvres, des vieux qui ont faim qui ont froid
Des malheureux, des malchanceux et des pouilleux
Qui errent dans les rues parce qu'ils n'ont pas de toit

Les malpris, les bannis, les incompris
Tous ceux qui sont démunis sont mes amis
Dans son temps Jésus était un sans-abri
Comme l'Évangile nous l'a déjà appris

Pour tous ceux qui sont pus capables de croire
Ni à la vie ni à leur propre histoire

La rédemption

J'ai décidé de m'habiller toujours en noir
En espérant leur donner un peu d'espoir

Par solidarité envers les mal-aimés
Les aînés, les prisonniers, les condamnés
Les émigrés, les exilés, les malmenés
Je porte le deuil des oubliés d'la société

Quand tous les enfants mang'ront à leur faim
Quand les orphelins auront trop de câlins
Quand comme avant une famille sera un p'pa une maman
Alors peut-être que j'm'habillerai en blanc

J'pourrais même porter toutes les couleurs de l'arc-en-ciel
J'pourrais dire à tout l'monde que la vie c'est du miel
P't'être quand l'espoir aura vaincu le désespoir
Mais jusque-là je rest'rai l'homme en noir !

L'Homme en noir

Lorsque je relate, dans mes précédents chapitres, ma surprise d'avoir eu la chance de chanter avec des pointures, comme Petula Clark ou Charles Aznavour, certains pourraient penser que j'ai manqué de confiance ou d'ambition si cela s'avère, pour moi, aussi extraordinaire. Loin de là. Je n'ai jamais manqué de confiance en mes capacités puisque, modestie à part, je sais bien que je plane au sommet des palmarès country du Québec depuis cinq décennies.

Mais franchir le cercle invisible qui sépare cet univers de la pop grand public était une chose plutôt improbable pour moi.

Un peu comme ce fut le cas pour Johnny Cash lorsqu'il a produit sa magnifique série de six albums nommée *American Recordings*, j'ai aussi eu droit à une rédemption professionnelle auprès du grand public ces dernières années et certains journalistes parmi les plus en vue au Québec n'ont pas hésité à établir un parallèle entre « l'homme en noir » et moi, quand ma « seconde carrière » a commencé en 2014.

Ils ne sont pas les seuls d'ailleurs. Mon producteur et ami Mario Pelchat me perçoit également ainsi et, personnellement, je vois quelques points communs avec le grand chanteur country qui nous a quittés le 12 septembre 2003, à l'âge de 71 ans. Comme lui, je suis aussi un rebelle, j'aime la même femme depuis longtemps, je chante en famille et j'ai connu ma descente aux enfers en raison de ma dépendance aux substances illicites ; sans parler, bien évidemment, de mon amour pour le country et des valeurs qui s'y rattachent.

En fait, il y a tant de gens qui m'en parlent, que ce rapprochement ne m'étonne plus et on me demande souvent de chanter des reprises de Johnny Cash. Mais quelle ne fut pas ma surprise lorsque Mario m'a appris que nous avions reçu une superbe adaptation en français, signée Mouffe, de *The Man In Black* de Johnny Cash. Mouffe est très connue dans le milieu du show-business, parce qu'elle est à la fois actrice, scénariste et parolière. C'est elle qui a écrit le classique *Ordinaire*[1], chanté en 1970 par Robert Charlebois, son amoureux à l'époque.

Bien que mon prochain album, qui succédera à la publication de ce livre, soit encore embryonnaire, je sais d'ores et déjà que cette excellente relecture de *L'Homme en noir* y figurera. Claude et moi avons décidé de vous l'offrir en exclusivité pour vous remercier d'avoir fait le voyage de mes chansons, en notre compagnie, à travers ces quelques pages.

Vivre en cow-boy

Je suis très conscient de l'énorme succès que j'ai obtenu auprès du grand public depuis quelques années. Bien que certaines personnes du milieu du country éprouvent une quelconque forme de jalousie à mon égard, je pense que la plupart d'entre elles se réjouissent de ma réussite qui, de toute façon, rejaillit sur elles et sur notre univers en contribuant à le démystifier.

1. *Ordinaire* a été réécrit au féminin par Mouffe à la demande de Céline Dion, qui l'a interprétée lors de sa série de concerts au Québec, en août 2016.

En outre, ce nouveau public envoie le message que tout est possible. Je crois qu'il existe une loi immuable dans la vie : quand tu travailles très fort et que tu es tenace, il faut forcément que ça finisse par fonctionner. En tous les cas, j'y ai cru et j'en récolte aujourd'hui les dividendes. Mais il y a aussi une question d'attitude qui rentre en ligne de compte. Dans le milieu des cow-boys, il ne faut pas avoir peur, symboliquement, de jouer du *gun* ou, si vous préférez, de mettre son poing sur la table pour se faire respecter.

Il y a quelques années, une grande association regroupait les divers responsables des festivals country du Québec et coordonnait les quelque 150 événements qu'on y recensait, afin que chacun reçoive sa juste part du gâteau, tout en évitant que ces grands rassemblements, qui s'adressent à la même clientèle, ne se « vampirisent » en empiétant les uns sur les autres. À la suite d'un conflit interne, l'association s'est scindée et les deux nouvelles entités qui en ont découlé sont en rivalité depuis ce temps.

Parmi les membres de ces deux associations, certains opportunistes en mènent large et sont à la tête d'une dizaine d'événements. Ils profitent de cet avantage pour exploiter les artistes. L'une de leurs façons de faire la plus répandue consiste à proposer à un artiste des tarifs à la baisse en échange de « visibilité ». Par exemple, pour un artiste qui a commencé sa carrière il y a quatre ans et lancé depuis trois albums lui permettant d'atteindre une relative popularité, cela lui assure autour de 500 $ par spectacle. L'opportuniste en question ne lui offrira que 250 $ par prestation, mais lui garantira, en retour, de participer à 10 festivals.

Évidemment, l'artiste peut être tenté d'accepter, mais il se retrouvera perdant à long terme, parce que tous les producteurs auront appris qu'il a accepté de jouer pour 250 $ par représentation. Pour se produire plus souvent au cours d'un été, notre artiste débutant aura perdu deux ou trois années de travail en termes de reconnaissance de sa valeur sur le marché du spectacle.

Ce type d'exploiteurs me répugne au plus haut point. Il est vrai que je jouis d'une notoriété suffisamment grande pour que ces bandits évitent de me proposer de tels marchés de dupes, mais une fois on a tenté de me faire le coup en me disant grosso modo : « Si je t'embauche dans mon festival, tu ne peux pas aller jouer chez mon compétiteur là-bas ! » En ma qualité de membre de l'Union des artistes, j'ai des droits et je les connais. Je sais très bien qu'il me faut respecter une certaine distance entre les villes et un laps de temps raisonnable entre mes présences à certains endroits, mais ça s'arrête là. De toute manière, je suis un professionnel et il ne me viendrait pas en tête de nuire à quiconque sans tenir compte des réalités du marché. J'ai déjà dû mettre mon poing sur la table : « Si tu ne veux pas que je vienne dans ton festival, parce que je joue dans l'autre qui est situé à plus de 100 km du tien, je vais aller devant les médias et leur dire comment tu es un *ostie* d'arnaqueur ! » Croyez-moi, dans ces cas-là, on comprend vite le message. Heureusement, je n'ai plus à négocier mes contrats et à composer avec ce genre de personnages, mais il m'a fallu tenir mon bout souvent. Comme Johnny Cash…

En prison

Hélas, je n'ai jamais vu Johnny en spectacle *live*, mais j'ai visionné des vidéos de lui sur scène à de nombreuses reprises. J'ai même failli le rencontrer lorsqu'il est venu à Saint-Tite[2] avec June Carter pour le Festival western, en 1984, mais ça ne s'est pas fait. Il s'agit là d'un des grands regrets de ma vie.

2. La population de Saint-Tite, en Mauricie, passe de 4 000 à 600 000 personnes pendant le Festival western.

Tout comme le fait d'avoir passé très proche de chanter en duo avec Kenny Rogers ou avec Willie Nelson. Bien que les choses auguraient bien à cet effet, ça ne s'est pas produit pour des raisons indépendantes de ma volonté. Mais comme disait le célèbre joueur de baseball Yogi Berra : « C'n'est pas fini tant que ce n'est pas fini ! »

À la différence de Johnny Cash, qui a popularisé *The Man in Black*, je n'ai à ce jour jamais enregistré d'album en prison. Son célèbre *At Folsom Prison*, capté le 13 janvier 1968 dans cette prison d'État de la Californie, fut le premier du genre, suivi l'année suivante de *At San Quentin*, enregistré dans une autre prison d'État californienne. Cependant, nous avons un point commun : nous nous sommes tous deux produits devant des détenus. Et très souvent. À force de jouer pour des patrons de bars qui ne sont pas toujours des enfants de chœur, on se lie d'amitié avec certains d'entre eux en se disant : *Qui suis-je pour juger ?*

Je me souviens d'un célèbre criminel surnommé Connie que j'ai connu au Casino gaspésien, où je me produisais dans les années 1960. Connie se rendait souvent à Val-d'Or, où il aimait frayer avec les « gars de béciks », les bandits, les *pimps* et les prostituées. Il se rendait là, achetait des pépites des voleurs d'or, passait du bon temps avec les dames de petites vertus et administrait des raclées à leurs souteneurs (*pimps*) ! Un sacré moineau.

Une fois, son grand ami Philippe, le patron du Casino gaspésien, lui a demandé de s'organiser pour que je puisse venir présenter un spectacle « en dedans » et si possible avec des demoiselles, vu que les gars n'en voyaient pas très souvent... Je me suis donc pointé avec mon orchestre et... six chanteuses country ! Au moment de passer à la fouille, les gardiens de la prison de Val-d'Or nous ont demandé si nous transportions de la dope. J'ai répondu : « Non, on n'est pas fous, on l'a prise juste avant de venir ! » (*Rires*). Puis le président du comité des détenus est venu nous accueillir : « Voulez-vous de la dope ? N'importe quoi, on a tout ce qu'il faut ! » C'est à ce moment-là que j'ai compris qu'il était encore plus facile de s'en procurer en milieu carcéral qu'à l'extérieur !

Je me souviens que nous avons commencé le spectacle avec le classique… *Une émeute dans la prison* et l'avons terminé avec *House Of The Rising Sun* (*Les portes du pénitencier*). Dès la première note, les gardiens ont armé leur fusil à pompe et sont restés sur leurs aguets jusqu'à la fin du spectacle, de la même manière que ça se déroule dans le film *Le Party* du regretté Pierre Falardeau. Les gars hurlaient et la tension était palpable. Mais heureusement, tout s'est bien passé.

À Laval, au centre de détention à sécurité minimum Leclerc, nous avons vécu une drôle d'aventure. En installant nos instruments, je me suis aperçu que nous avions oublié la basse. J'ai envoyé un *roadie* la chercher chez moi. Il est sorti de la prison et est revenu sans que personne ne l'intercepte. Généralement, on ne s'évade pas de ce type de centre, car il ne reste qu'un mois ou deux à purger à ceux qui y sont ; une évasion leur ferait courir le risque de se faire capturer de nouveau et d'être enfermés une ou deux années de plus. Nous avons donc livré le spectacle et, allumés par toutes ces substances que nous avions absorbées, nous avons décidé d'aller poursuivre le party chez moi. Les musiciens, les *roadies*, tout le monde s'est affairé à remballer le matériel dans notre camion dans un va-et-vient d'une bonne demi-heure.

Dans le *truck*, tous ceux qui avaient participé au spectacle, dont Stephen Faulkner, alias Cassonade. Soudain, j'ai remarqué qu'un type que je ne connaissais pas était assis à l'arrière. J'ai pensé qu'il s'agissait d'un ami de Faulkner. Lorsque nous sommes arrivés à la maison, nous sommes descendus faire le party au sous-sol. Remontant pour aller aux toilettes, j'ai vu le type assis seul dans le salon. Je suis redescendu et j'ai dit à Faulkner : « Hey man, ton chum est tout seul en haut. » « Hein ! Quel chum ? Je pensais qu'il était avec toué ! », me répondit-il, ahuri. Nous sommes remontés ensemble, mais le type en question avait disparu et nous n'avons jamais eu de ses nouvelles. En tout cas, si jamais tu lis ce livre, qui que tu sois, tu n'es pas très brillant de t'être échappé, mais tu nous as fait bien rire !

Dans l'armée

Si j'ai joué pour les exclus de la société, je l'ai aussi fait pour les « forces de l'ordre ». C'était au Club 400, en Abitibi, près de l'endroit où se trouvait une base militaire. Puisque nous jouions dans la région, nous fûmes invités à présenter un spectacle au mess des officiers. En ce temps-là, j'avais les cheveux longs jusqu'aux fesses et mon pianiste arborait une chevelure à la Charlebois ! Ainsi attifés, nous allions jouer pour des colonels et des généraux accompagnés de leurs épouses ! Bien « buzzés », nous nous étions dit que nous ferions un trip de malades.

Lorsque nous sommes arrivés, la soirée s'amorçait, mais en traversant la salle pour rejoindre la scène, silence de mort dans la salle. Les gradés et leurs épouses nous regardaient comme si nous étions des extraterrestres. Nous avons commencé à jouer ; personne ne dansait. Puis les petits drinks se succédant, les jambes finirent par se dégourdir. Le party s'est alors mis en branle et les épouses des officiers, debout sur les tables, les cuisses de plus en plus légères, n'hésitèrent pas à nous adresser des regards concupiscents ! (*Rires*).

Des esprits se manifestent ?

Comme Johnny Cash, j'ai toujours eu du mal à composer avec l'autorité sous toutes ses formes depuis que je suis adolescent. Mais si je dis au début de la chanson *L'Homme en noir* que je ne suis pas un prêtre ni un croque-mort, je suis convaincu que dans une ancienne vie, je fus curé. Le fait que j'aie été enfant de chœur renforce cette conviction. D'ailleurs, il fut un temps où je jouais souvent avec ma femme Johanne et des amis au Ouija, un jeu qui m'a révélé des choses vraiment troublantes. C'est ainsi que…

Quand j'étais petit, en Gaspésie, et que ma mère avait accouché, mon père allait à Grande-Rivière avec sa petite carriole à deux places chercher sa belle-mère afin qu'elle aide sa fille avec le nouveau-né. Mon père prenait toujours un petit coup pour célébrer l'heureux événement et une fois, en revenant en pleine tempête de neige de Grande-Rivière avec ma grand-mère, il s'aperçut à mi-chemin qu'elle avait disparu ! Elle s'asseyait toujours dos à mon père et ce soir-là, *chaudasse*, il fit tant claquer son fouet que le cheval avançait follement sous le ciel étoilé face au vent.

Paniqué, mon père rebroussa chemin pour finalement la retrouver, assise de dos sur le socle d'où elle avait été éjectée, probablement en raison d'une bosse. Soulagé, il la réinstalla dans la carriole en lui faisant promettre de ne rien dire à ma mère, qui l'aurait engueulé comme du poisson pourri. Mais la grand-mère, furieuse bien que silencieuse, avait une mémoire d'éléphant. Ce qui nous ramène au Ouija.

Des années plus tard, Johanne demande à l'esprit du jeu si mon père est présent avec nous. « Oui », nous indiquent les lettres. « Pourriez-vous, nous décrire Paul en un mot pour nous assurer qu'il s'agit bel et bien de vous ? », réclama-t-elle. Et les mains de pointer l'indicateur vers les lettres S…T…O… O…L…E. « Ah ! ben tabarnak, il est vraiment là ! », me suis-je exclamé avec stupéfaction.

Je savais pertinemment à quoi ce mot, qui signifie « délateur » en bon français, faisait allusion. Un jour, à

Montréal, alors que j'étais encore un enfant, j'avais vu mon père se mettre sur son 36, « s'endimancher » comme il disait. Intrigué, je l'ai discrètement suivi : il descendit la rue Drolet et emprunta l'avenue du Mont-Royal jusqu'à l'avenue Papineau. Et là, quelle ne fut pas ma surprise de le voir entrer dans un club de... danseuses nues ! Oui, oui, des filles toutes nues. *Comment pouvait-il faire cela à ma mère ?*, me suis-je demandé outré. Illico, je suis retourné à la maison et, honte à moi, j'ai vendu la mèche à ma mère qui a vertement engueulé mon père à son retour.

Aujourd'hui encore, je reste persuadé que ma bonne vieille grand-mère s'était servie de moi à ce moment-là pour se venger de mon père qui l'avait perdue dans la neige, des années auparavant, face au vent mordant de la Gaspésie.

Mais la bonne nouvelle, c'est qu'elle veille sur moi depuis toujours et qu'elle n'a pas fini de me surprendre, ni vous d'ailleurs, car si j'ai pu chanter un jour avec Petula Clark ou Charles Aznavour, tout est possible. Et ça ne fait que commencer. On ne perd rien pour attendre.

Paul

EN ANNEXE

Bonus Track

Mes préférences à savourer

En 50 ans de tournée partout au Québec et en Acadie, j'ai pris certaines habitudes devenues incontournables. En voici quelques-unes.

Dixie Lee

Cette chaîne de restauration rapide propose surtout du poulet pané style PFK, mais cent fois mieux que celui du célèbre colonel. En fait, je crois qu'on y sert le meilleur poulet frit au monde. On ne retrouve ces restaurants qu'au Nouveau-Brunswick et en Gaspésie. Malheureusement, la chaîne s'arrête à Rimouski. Nous ne faisons jamais un voyage dans la région sans nous arrêter pour y savourer un repas.

Ma cabane en Gaspésie

Appartenant à mon ami Gino Ouellet, le *king* de l'érable en Gaspésie, cet endroit propose des produits de l'érable haut de gamme qui goûtent le ciel et que l'on ne retrouve pas ailleurs. On y propose notamment des paniers cadeaux qui font toujours plaisir si jamais vous êtes à court d'idées. Le concept du comptoir de Ma cabane en Gaspésie, qui est situé dans le secteur du carrefour giratoire, est le même que celui de la Fromagerie des Basques, à Trois-Pistoles, où la clientèle peut assister à la fabrication des produits pendant qu'on enregistre votre commande. Cette fromagerie figure également sur notre liste des arrêts obligatoires lorsque l'on passe dans la région. Cet endroit provoque un tel engouement que des policiers doivent assurer la circulation autour de la fromagerie !

Restaurant La Chaloupe sur Mer

Si vous voulez déguster les meilleurs fruits de mer au monde, il faut aller chez mes amis Donald et Édith qui tiennent ce restaurant. Leur enseigne est à côté de chez moi à Pabos, près de Chandler.

Fraises des champs

C'est ma drogue et je n'ai pas l'intention d'arrêter d'en consommer. Un petit casseau de fraises des champs de Gaspésie peut facilement coûter 20 $, parce qu'on doit les cueillir une à une tout en se faisant piquer par les moustiques. Je n'ai jamais rien mangé d'aussi savoureux de ma vie et, lorsque j'arrive dans la région, bien des gens qui connaissent ma passion pour les fraises ont la gentillesse de m'en offrir.

Les noisettes de Gaspésie

On croit que les noisettes ne poussent que dans le Sud, mais on en retrouve beaucoup chez nous. Sur notre terre, quand j'étais petit, on pouvait les cueillir en tendant les bras dès que nous pénétrions dans le bois pour aller vers la rivière. Souvent, des jeunes vendent ces noisettes décortiquées dans des pots. Encouragez-les, car non seulement c'est une sacrée besogne que de casser leurs coques avec un marteau dans un sac de jute, mais elles sont aussi fraîches et délicieuses comme ce n'est pas permis.

Les bleuets de la Chocolaterie des Pères Trappistes de Dolbeau-Mistassini

Un incontournable à chaque fois que j'ai la chance de me rendre dans la magnifique région du Saguenay–Lac-Saint-Jean. Lancée il y a plus de 60 ans, cette fusion des bleuets de la région et du chocolat est tellement succulente qu'on a l'impression de commettre un péché en les savourant. Encore !

Pizza Delight

Avant de préparer une pizza sur une des nombreuses variétés de pâtes que l'on cuit ensuite soi-même sur place, on vous sert une pizza à l'ail en guise d'entrée. On ne retrouve hélas ces restaurants qu'au Nouveau-Brunswick. Un autre incontournable.

Moncton Fish Market

Située rue St. George, derrière la rue principale à Moncton, cette poissonnerie offre le meilleur crabe et le meilleur homard de toute la galaxie. Pourquoi ? Parce que ces crustacés sont pêchés aux Îles-de-la-Madeleine et au bord du Nouveau-Brunswick où les fonds marins sont plus rocailleux. Je reviens toujours à Montréal avec une glacière pleine à ras bord de ces délices de la mer.

Chez Ma Tante

Oubliez « la Main » à Montréal : les meilleurs hot-dogs/ frites se savourent Chez Ma Tante. Il m'arrive souvent de partir de Terrebonne pour y aller. On y coupe le chou pour les « chiens-chauds » et les patates pour les frites (blondes et croustillantes) devant vous, et le personnel qui y travaille est là depuis une quarantaine d'années ; ce qui est toujours un bon signe.

Jimmy Restaurant

Ce *delicatessen*, situé dans le quartier Hochelaga-Maisonneuve à Montréal, appartient à mon chum Jimmy, dit le Grec. Un gars extrêmement généreux qui y a pignon sur rue depuis une quarantaine d'années. Il nous fait des assiettes de crevettes tout simplement exquises et ses mets… chinois sont divins ! Nous y mangeons au moins deux ou trois fois par mois. Une dizaine de livreurs distribuent ses plats, de jour comme de nuit : ça vous donne une idée…

Quelques-uns de mes endroits préférés

Grande-Vallée en Gaspésie

En arrivant à Grande-Vallée, une halte routière domine le village, offrant une vue plongeante sur un paysage spectaculaire. Chaque fois que je passe par là, je m'y arrête pour contempler les lieux. L'hiver, c'est particulièrement beau.

Parc national de Forillon

Entre mer, falaises et forêt, ce parc naturel compte parmi les joyaux du Québec, que dis-je, de la planète ! Pas besoin d'aller chercher ailleurs, en Bretagne ou en Écosse, on a tout ici. Idéal pour observer les oiseaux, les ours, les baleines et autres merveilles du monde.

La côte magnétique de Moncton au Nouveau-Brunswick

On arrive au pied de la colline en voiture, on lâche la pédale de frein et, ô surprise, la voiture… remonte la pente ! Comment est-ce possible, puisque cela va à l'encontre des lois de la physique ? Y aurait-il une force magnétique qui attire le fer et la tôle vers le haut ? À vous de voir sur place. En fait, il s'agit d'une illusion d'optique qui impressionne les visiteurs depuis les années 1800. J'y suis allé avec mon chum Régis Gagné, un très célèbre chanteur country, et on en rit toujours tellement nous avions l'air de deux enfants devant les gens qui se moquaient de nous.

Baie-Saint-Paul

Il y a un endroit magnifique d'où l'on peut observer le village de Charlevoix depuis les hauteurs. C'est admirable. C'est là que j'ai tourné mon clip avec Kevin Parent.

La Saint-Maurice

Longer depuis Shawinigan la rivière Saint-Maurice pour se rendre au Lac Saint-Jean est tout simplement majestueux. Tout comme faire le tour de la Gaspésie.

À propos des auteurs

Paul Daraîche

Figure incontournable de la scène country québécoise, Paul Daraîche sillonne les routes du Québec depuis une quarantaine d'années. Après quelques dizaines d'albums seul ou avec d'autres membres de la célèbre famille Daraîche, il a publié en 2012 un premier disque composé de duos avec des vedettes populaires de la chanson dans lequel il reprenait ses grands classiques. Ce qui par la même occasion les faisait découvrir à un très vaste et nouveau public. Acclamé partout, il a publié par la suite trois autres albums qui confirment cet indéniable engouement. Ses nombreux succès tels que *Perce les nuages (À ma mère)*, *T'envoler*, *Rosalie* ou *Le Lumberjack* ont été repris par des dizaines d'artistes à travers la francophonie. Il se livre à cœur ouvert pour la première fois dans *La Rédemption*.

Facebook : @PaulDaraiche

CLAUDE ANDRÉ

Collaborateur au cahier « Sortir » de *La Presse* pendant une dizaine d'années et à l'hebdo *Ici Montréal* (1997-2009), Claude André participe désormais au *Journal Métro* en qualité de journaliste culturel et au *Huffington Post Québec* comme observateur sociopolitique. Il a été recherchiste pour la télé et chroniqueur/débatteur à l'émission *Ici et là* (Vox) pendant huit saisons. Il est aussi le collaborateur du best-seller *À la vie, à la mer* de Laurence Jalbert chez le même éditeur. En 2015, il était candidat pour le Bloc Québécois. Il enseigne les sciences politiques au collégial depuis 2016, en plus d'écrire des textes de chansons pour différents artistes.

Pour le suivre :

 twitter : @Claud_Andre

 : https ://www.facebook.com/claudeandre.journaliste

M
MARQUIS
Québec, Canada

FSC
www.fsc.org
MIXTE
Papier issu de
sources responsables
FSC® C103567